高等院校“十二五”规划教材

大学生职业生涯规划与管理

主　编　胡庭胜
副主编　王　庚　陈　璐
编　委　赵　颇　桂肖敏　蔡寒菁　周　懿
何雪梅　孙　楹　董光柱

中山大學出版社
SUN YAT-SEN UNIVERSITY PRESS
·广州·

图书在版编目（CIP）数据

大学生职业生涯规划与管理/胡庭胜主编；王庚，陈璐副主编 . —广州：中山大学出版社，2015. 2

ISBN 978 - 7 - 306 - 05199 - 8

Ⅰ. ①大…　Ⅱ. ①胡…　②王…　③陈…　Ⅲ. ①大学生—职业选择　Ⅳ. ①G647. 38

中国版本图书馆 CIP 数据核字（2015）第 036835 号

出 版 人：徐　劲
策划编辑：金继伟
责任编辑：廖丽玲
封面设计：林绵华
责任校对：黄浩佳
责任技编：何雅涛
出版发行：中山大学出版社
电　　话：编辑部 020 - 84111996，84113349，84111997，84110283
　　　　　发行部 020 - 84111998，84111981，84111160
地　　址：广州市新港西路 135 号
邮　　编：510275　　　　　传　真：020 - 84036565
网　　址：http://www. zsup. com. cn　　E-mail:zdcbs@ mail. sysu. edu. cn
印 刷 者：广东省农垦总局印刷厂
规　　格：787mm × 1092mm　1/16　13. 5 印张　285 千字
版次印次：2015 年 2 月第 1 版　2015 年 2 月第 1 次印刷
定　　价：32. 00 元

前　言

大学是人生最重要的过渡期。在这里，我们从学生慢慢转型为职业人，能否合理地利用大学时光对我们日后的职业生涯发展具有重要的影响。对当代大学生而言，学习和掌握职业生涯规划的知识和方法，将有助于引领我们在大学期间占据更为主动的地位，更好地整合大学的资源，为自身的成长创造更有利的环境。

本书旨在为大学生提供系统的职业生涯规划知识学习的辅导，唤醒学生的生涯意识，帮助学生提升生涯发展的技能，提高生涯成熟度，最终为就业打下坚实的基础，并做好充分的准备。

本书在华南师范大学"大学生职业生涯规划与管理"课程八年实践基础上梳理、总结而成。华南师范大学是2011年"全国毕业生就业典型经验高校"，其"大学生职业生涯规划与管理"课程在2012年被评为"全国就业指导优秀示范课"（全国只有47门课程获此荣誉），2009年获得学校教学改革项目一等奖。本课程形成了以实践教学为特色、以教学质量为核心、以全方位辅导为创新、以学生和老师共同成长为目标的职业生涯规划课程体系。该体系有四个特点：

1. 基于学生需求的课程开发

基于学生需求进行开发是本课程的核心理念。课程严格按照五个步骤构建基于学生行为导向的大学生职业生涯规划课程建设流程：第一，制订课程目标及实施计划；第二，分析评估学生需求；第三，设计符合学生发展需求的教学内容及教学方法；第四，局部试验；第五，完善推广。

2. 基于学生职业认知和素质拓展的课程内容设计

根据学生职业发展的需求，我们设计了符合大学生职业认知特点和素质拓展的课程内容。课程突出实践教学的特色，重在"实践"和"体验"；综合运用多种教学方法、多角度的课程考核和评价，确保课程教学质量。除了课堂教学，还注重向学生提供全方位生涯发展辅导，例如，依托学校就业指导中心开展的"一对一"生涯发展咨询、"行业、专业、岗位分析大赛"等，生涯发展服务从课内向课外延伸，实现无缝链接。

3. 基于学生行为导向的教学方法与课程管理评价系统

课程重视学生职业素质与行为的培养。一是学生签订"承诺书"，承诺遵循并努力实践"守时、投入、尊重、合作、承诺"的课程理念。二是学生团队自主管理，学会协作，共担结果。三是严格的课堂纪律管理，促使学生养成良好行为习惯，提升自我管理能力。通过课程价值观的传导与体验、能力知识的学习及态度的养成，使学生提升综合素质，提升就业竞争力，增强行动力。

4. 基于教师能力提升的师资培养系统

通过严格的选拔和系统的培训，学校培养了一支专兼结合、优势互补、相对稳定、素质较高的职业生涯规划课教师队伍。团队中有经验丰富的就业指导教师，有多年从事学生思想教育与管理服务的政工干部，还有经验丰富的资深企业培训及人力资源管理专家，这些教师大多具有教育学、心理学、人力资源管理和其他相关专业知识背景，能够实现优势互补。

在教与学的基础上，本书更突出与学生学习、课堂活动同步，通过理论知识、拓展知识和课堂配套练习交错展现的方式，力求更符合教学要求，更贴合学生的需求。因此，本书可用作课堂教学的配套用书。通过课程的学习，大学生应当在态度、知识和技能三个层面达到以下目标：

（1）态度层面：树立起职业生涯发展的自主意识，树立积极正确的人生观、价值观和就业观念，把个人发展和国家需要、社会发展相结合，确立职业的概念和意识，愿意为个人的生涯发展和社会发展主动付出积极的努力。

（2）知识层面：基本了解职业发展的阶段特点，较为清晰地认识自己的特性、职业的特性以及社会环境，了解就业形势与政策法规，掌握基本的劳动力市场信息、相关的职业分类知识。

（3）技能层面：掌握自我探索技能、信息搜索与管理技能、生涯决策技能、求职技能等，通过课程提高自身各种通用技能，如沟通技能、问题解决技能、自我管理技能和人际交往技能。

本书立足于国情，关注时代发展、国家政策导向和新时期生涯规划理论发展的前沿，对后现代生涯规划理论、大数据时代、新职业、未来工作趋势等话题均有所介绍，力求使读者通过学习对职业生涯规划形成全面的认识，通过对自我和外部职业环境的全面了解，形成内心的定见，为自身的职业发展奠定基础。为提升本书对大学生指导的贴切性，本书案例大多为华南师范大学学生的真实案例。

本书可用于高校职业生涯规划活动组织的素材，也可帮助有志于提升职业生涯规划能力的师生自主学习。如果您是一位生涯规划、生涯辅导方面的工作者，请您秉承“每个人都是自己问题的专家”的原则，结合本书提供的观念、方法、活动为来访者或学生提供辅导；如果您是一位学习生涯规划知识的学生，请您秉承“最严格的标准是自己给自己的”的理念，通过运用本书的观念、方法引导自身对内思考，找到更适合自己的成长方式。

为配合当代大学生读者的阅读学习习惯，本书融入了推荐阅读和配套网络资源，力求为读者呈现全方位的职业生涯规划知识。

本书内容共分六章，凝聚了华南师范大学职业生涯规划与管理教学团队的智慧和心血。具体分工如下：胡庭胜、王庚、陈璐负责本书大纲的拟定及统稿，张思慧、陈璐负责编写第一章，桂肖敏、陈璐负责编写第二章，周懿负责编写第三章，何雪梅、孙楹负责编写第四章，赵颀、陈璐负责编写第五章，蔡寒菁、董光柱负责编写第六章。编写团队全程通力合作，多次对本书框架、体例、文字进行推敲。编写过程借鉴、引用了一些研究者的成果，在此对相关研究者们表示敬意与感谢！由于水平有限，书中难免有疏漏与不足，敬请专家、学者和读者批评指正！

编　者

2014 年 12 月

目　　录

第一章 绪 论

假如生活是一本书，而你是作者，那么你会希望自己编写出怎样的故事？

——艾米·珀迪

认识职业生涯，是提升自我、实现理想、体现生命价值的第一步。大学生职业生涯规划与管理课程由学校就业指导中心就业指导与生涯规划教研室开设，由教研室教师团队教学，以行为为导向、生涯成长为方向，带领学生找寻生涯发展的各种可能，聆听自己生命的召唤。人只有自身内心有定见了，才能知道自己的方向是什么，才能知道如何充分应用身边的资源，才能知道如何坚定地创造属于自己的人生。

现在，请开启你的生涯成长之旅，我们将会予以陪伴和支持。

第一节 职业生涯初探

一、职业与职业生涯

职业（occupation）是在不同的专业领域中一系列相似性的服务（彼此有关的工作），如教师、工程师。

职业生涯/生涯（career）是生活中各种事态的演进方向和历程，它统合人一生中的各种职业和生活角色，由此表现出个人独特的自我发展形态。

汉语中所说的“生涯”和“职业生涯”，在英语中都是“career”，该词的词源来自罗马字“via carraria”及拉丁字“carrus”，两者的意义均指古代的战车，在希腊“career”这个词蕴含着疯狂竞赛的精神，最早常用于动词，如驾驭赛马（to career a horse）。在西方人的概念中，使用“生涯”一词就如同在赛马场上驰骋竞技，隐含有冒险、未知等精神。现在生涯多被引申为人生发展历程。从职业发展的过程来看，职业生涯被看成是“在个人的一生中，由于心理、社会、经济、生理及机遇等因素相互作用所造成的工作、职业的发展变化”。职业的发展是个人发展中的一个最主要的方面，它跨越人的整个一生并涵盖个人的自我概念、家庭生活，以及个人所处的环境、文化氛围的方方面面。

可以说，生涯是人生从青春期到退休之后，一连串有酬和无酬职位的综合。除了职业之外，还包括任何与工作有关的角色，如学生、退休者，甚至包含家庭和公民的角色。

二、职业生涯的四个特征

从总体上看，人的职业生涯具有以下特征：

1. 独特性

每个人都是独立的个体，都有自己的成长环境，有自己的社会资源，有自己的职业理想，有自己的生涯选择，有为实现自己的职业理想所做的种种不同努力，从而有着与别人相区别的、独特的生涯历程。

2. 发展性

每一个人的职业生涯，都是一个动态变化、发展、演进的过程。不同发展阶段有着不同的生涯规划与生涯发展任务，后面的发展阶段一定是从前面的发展阶段演进而来的。

3. 终身性

每个人的职业生涯贯穿生命始终，是人一生中连续不断的需要终身学习、终身发展的过程。“活到老，学到老”就是职业生涯延续终身的典型写照。

4. 全面性

由于职业与生活两者之间关系紧密，个人所从事的工作或职业，往往会决定他的生活状态，因此，职业生涯应全面考虑个人发展中各个层面的社会角色，而不能局限于工作或职位。

三、职业生涯规划的重要性

职业生涯至少伴随人的大半生。据调查统计，大部分人的职业生涯时间占可利用社会活动时间的71%～92%。因此，做好职业生涯规划对个体而言有着重要的意义。

拓展阅读：把一张纸折叠51次

想象一下，你手里有一张足够大的白纸。现在，你的任务是把它折叠51次。那么，它有多高？是不是像一个冰箱、一层楼或者一栋摩天大厦那么高？不是，差太多了，这个厚度超过了地球和太阳之间的距离。折叠51次的高度如此恐怖，但如果仅仅是将51张白纸叠在一起呢？这个对比让不少人感到震撼。

没有方向、缺乏规划的人生，就像是将51张白纸简单叠在一起。今天做做这个，明天做做那个，每次努力之间并没有联系，这样一来，哪怕每个工作都做得非常出色，但它们对你的整个人生来说也不过是简单的叠加而已。“通过规划利用好现有的能力，远比挖掘所谓的潜能更重要。”凡事预则立，不预则废，未来不是我们要去的地方，而是我们要创造的地方。要想成功地创造未来，必须正确地预见未来，必须做好正确的生涯规划。大学生都是和自己赛跑的人，超越自我乃人生的真正意义所在。大学生涯规划就是人生路途的条条路标，指引大学生具体地采取行动，正确地采取行动。

来源：彭萍．未来的金钥匙——生涯规划．北京：高等教育出版社，2008.（有删减）

很多学生在进入大学时，并没有明确的职业发展目标，对职业的认知十分模糊，“迷茫”也成为相当一部分大学生的印记。如何走出“迷茫”？职业生涯规划是一个好方法。具体来说，职业生涯规划可以在以下八个方面帮助大学生：

（1）确立人生的方向，订立职业发展目标。

（2）准确评估个人特点和强项。

（3）重新认识自己，并实现自我增值。

（4）评估个人目标与现状之间的差距。

（5）认识职场，发现新的职业机遇。

（6）科学定位职业方向，制订大学规划。

（7）提供奋斗的策略，增加职业竞争力。

（8）将个人、事业与家庭有机联系起来。

案例：职业规划，从“早”做起

小冯是物理与电信工程学院电子信息科学与技术专业2009届非师范毕业生。该生大学学习绩点2.8，成绩仅算中等，专业获奖不多，但在就业过程中可谓一帆风顺，先后收到移动、电信、联通、中国邮政等众多同学们梦寐以求的大型国有企业的面试和录用通知书。最终该生选择签约中国移动通信集团有限公司广东分公司，成为同学们羡慕不已的就业“幸运儿”。但是，不算突出的小冯为什么可以如此顺利地就业呢？这是我们值得一提的地方。

小冯成绩在同年级同学中仅算中等，学业方面的获奖并不多，是普通同学眼中的“中等生”，而绝非“优等生”。但是该生却比其他同学更早地进行了职业规划，积极从事社会实践，锻炼了良好的交流沟通和组织协调能力，且工作态度好，责任感强。这位“幸运儿”之所以幸运的理由就在于，他及早地做好了职业规划并一步一步地去实践它。早在大学二年级时，小冯即开始进行职业规划，在自我评估和环境评估之后，确定了在电信、移动、联通等电信方面的龙头企业求职就业的目标。于是他从二年级开始就关注电信、移动、联通等企业的招聘信息及招聘要求，在学习专业课程之余，主动自学，补充企业所需相关知识，注重实践和动手能力的培养，积极主动到电信相关企业实习、见习。此外，他随时关注了解电信行业的发展动态和移动、电信、联通等的企业文化。大三伊始，他便积极了解招聘流程，通过各种渠道了解面试注意事项和面试技巧等。该生在毕业前参加移动、电信、联通等企业招聘时，可谓准备充分，如鱼得水，每次均通过笔试、“一面”、“二面”、“三面”并进入最后考察阶段。虽处于2009年严峻的就业形势之中，小冯却充分掌握了就业主动权。最后，小冯在权衡各方面因素之后，选择签约中国移动通信集团有限公司广东分公司。

【案例点评】职业规划，宜从“早”做起。越早全面了解自己，了解职业环境和岗位素质能力要求，进而做好准确定位，并据此制订适合自身发展的路线和行动方案，就越能在求职就业过程中、生涯发展过程中掌握最佳主动权，越容易达到自己的目标。

来源：胡庭胜．扬帆：华南师范大学学生就业案例100例．广州：华南理工大学出版社，2010.（有删减）

大学生正处于从“学业”到“职业”转变的关键阶段，做好大学期间的职业生涯规划，为大学生找到自我、实践自我提供了可能，为大学生探索职业世界、培养职业素质提供了机会，引导大学生学习合理评估及决策的方法，进而帮助大学生达成个人理想的职业发展目标。

职业生涯规划不是万能的，正如快速变化的社会一般，职业生涯规划也无法预知未来的一切，无法解决生涯发展中的所有问题。但职业生涯规划能为未来打一个草稿，帮助人们抓住那些真正的实质和不容易改变的东西。我们可以重点做好未来五年左右的规划，这样将对人生未来面临的变化更有准备，也会因为内心有定见，而能把生涯的掌控权收回到自己内心。

第二节 课程理念、内容与方法

一、课程理念

“守时、投入、尊重、合作、承诺”是本课程最核心的理念。我们希望通过课程的学习、体验、分享，向每一位同学传递以上理念，让每一位同学对自己的生命负起全然的责任，为未来的职业发展奠定基础。

1. 守时

一个优秀的职业人，应具备许多非常重要的职业素养。其中，基本却又重要的一项素养，就是守时。守时既是信用的礼节，是公共关系的首环，也是优秀职业人必备的良好习惯。守时就是守承诺、守信用，守时的人会赢得每一个人的好感。不守时，既浪费了自己的时间，也浪费了别人的时间，还会失去影响力或者道德的力量。

拓展阅读：守时

有一次，洛克菲勒约了一个青年人在上午10点到他办公室谈话。事先，这位青年人曾经委托洛氏替他介绍一个职位。这天，洛克菲勒预备在谈话之后领他去见一位铁路总办，因为铁路上正需要一个职员。

青年在10点10分到达办公室时，洛克菲勒已经不在办公室里了。他已赴另一个约会去了。几天以后，青年请求洛克菲勒重新会见。洛克菲勒问他为何上次不准时到来，青年回答说：“先生！我是在那天10点10分到的。”洛克菲勒立刻提醒他：“但我是约你在10点来的！”“是的，我知道，”青年支吾地回答，“但是10分钟的相差，没有什么很大关系吧！”“不！”洛克菲勒严肃地说，“能否准时，是大有关系的。你不能准时，所以就失掉了你想得的职位，因为就在那天，铁路上已录用一个职员了。而且容我告诉你，青年人，你没有权利这样看轻我的10分钟时间的价值，而劳累我在这时间中等候你。在这段时间里，我正要赶赴另外两个重要的约会呢！”有些青年人就因为不能准时，失掉了一些很好的机会。在那些珍惜时间并肩负重任的人看来，不能准时，是一种不可宽恕的罪恶。

来源：李远峰，张燕．小故事大道理（全书）．沈阳：万卷出版公司，2008.

2. 投入

投入是一种积极主动的态度和行动，心态上追求“没有最好，只有更好”，行动上全程参与、全力以赴。每个人做事情投入程度的高低不同，往往决定了做事情结果上的明显差异。

案例：积极投入，应对面试，总结提高

小惠是教育信息技术学院2007届本科毕业生，毕业后就职于某大公司人力资源岗位。她是工作能力比较强、综合素质比较高的一位本科毕业生。现在的工作，是她凭自己的能力和自信，在几百位应聘者中脱颖而出获得的。小惠的成功来之不易，却又是理所当然。因为在此之前，她一直在积累面试的经验。

小惠找工作的时间跨度只有两个多月，面试也不算特别多，但最后却有5份工作同时供她选择，这是多少毕业生羡慕的事情。除了自身综合素质比较高之外，小惠很重视面试之后的总结和提升。每次面试前，她都会做大量精心的准备，包括对应聘单位的详细了解，根据应聘岗位特点着装和撰写自荐材料。每次面试后，她都会主动向辅导员详细汇报面试情况，与辅导员一起分析刚结束的面试，并请辅导员为自己点评及提意见。口头总结之后，小惠把面试分析情况整理成文，使每次面试的心得收获和存在问题都一目了然。正是因为这么细致的总结，让她每次面试都有收获和进步，使她每次面试都能迅速判定面试风格，把握好机会，充分展示优点，避免犯类似的错误，赢得招聘单位的青睐。

【案例点评】无论是学习、工作、组织活动还是求职就业，“积极投入”的态度都是非常重要的，同样是对求职经历的经验总结，小惠比其他同学的“投入”程度更高，自然她获得的体会和收获也更多，更容易达到自己的目标。

来源：胡庭胜．扬帆：华南师范大学学生就业案例100例．广州：华南理工大学出版社，2010.（有删减）

3. 尊重

尊重指敬重、重视，是个人内在修养的外在表现。尊重是顺利开展工作、建立良好社交关系的基石。人的内心里都渴望得到他人的尊重，但只有尊重规则、尊重他人、尊重自己，才能赢得他人的尊重。

知识卡片：尊重别人也是尊重自己

在人际交往中，每个人都有强烈的友爱和受尊敬的欲望，自己待人的态度往往决定了别人对自己的态度，因此，你若想获取他人的好感和尊重，首先必须尊重他人。相互尊重是处理好任何一种人际关系的基础，同事关系也不例外。同事之间的关系是以工作为纽带的，一旦失礼，创伤难以愈合。所以，处理好同事之间的关系，最重要的是尊重对方。在工作中，如何做到尊重他人呢？

一、基本礼节是尊重他人的表现

1. 同事见面主动问候。

2. 用友善的眼光注视别人。

3. 学会倾听。专心地听别人讲话是你所能给予别人最好的礼物，对上司要学会倾听，对同事同样也要学会倾听，因为人们总是喜欢关注自己的问题和兴趣，当你认真倾听对方的谈话时，对方会有被重视的感觉。

二、原则性问题不可侵犯

1. 尊重同事的成果。成果是一个人辛勤劳动的结果，每个人的成果都是用智慧、劳动、心血创造出来的，必定自认为是最完美的。因此，当别人展现自己的成果时，马上给予否定是很不礼貌的，这样会刺伤对方的自尊心，即使你觉得不好，也不要直接说出来，因为你的一句否定很有可能影响你们的关系，可以保持沉默或者非常委婉地表达，尽量让别人更容易接受。

2. 尊重他人人格。同事之间应该学会相互尊重，只有尊重他人的人格，方能严守做人的准则。每个人都具有独立的人格，虽然大家的出身、经历、社会贡献有所不同，但在人格上是平等的。因此，要想赢得他人的尊重，必须先学会尊重他人，这是做人最基本的准则。同事之间乱起绰号，拿别人的事情当笑料，取笑别人的习惯爱好，这些都是没有素质的表现，也是不尊重他人的表现。尊重他人人格，从自己的一言一行做起，逐步树立起为人谦逊、待人诚实、对人尊重的做人准则。

3. 保守同事的秘密。

三、尊重也要讲态度

1. 做错了事应该及时道歉。

2. 不要以自我为中心。

3. 不要乱对同事发脾气。

来源：赵鸿渐．职场礼仪值价百万．北京：工人出版社，2009.（有删减）

4. 合作

团队合作是一种重要的职业素质，无论未来从事什么职业，与他人合作几乎是不可避免的。子曰：“三人行，必有我师焉。”大学生应主动向团队学习，自主做好团队管理，学会分工协作，在学习和实践中实现自我增值，与团队成员共同承担结果，共同成长进步。

拓展阅读：在大学中培养团队精神

大学是你最后一次可以在低风险的情况下，学习、培养、练习与人相处的机会。而且，步入社会后，如果团队合作问题处理得不好，你的前途、快乐都会受到负面的影响。所以，建议同学们在读书之余积极参加各种与团队相关的工作。只有在与他人分工合作、分享成果、互助互惠的过程中，才能够体会到团队合作的重要性。

社团是微观的社会，参与社团是步入社会前最好的磨练。在社团中你可以学到很多知识，也可以发挥你的专业特长，更重要的是，你可以培养自己的团队合作精神以及领导才能。在社团内，你要做一个诚心诚意的服务者和志愿者，或在担任学生会工作时，主要扮演同学和老师之间的沟通角色，并以此锻炼自己的沟通能力，为同学和老师服务。这样的学习过程不会很轻松，挫折是肯定会有的，但是不要灰心，大学社团里的人际交往是一种不用“付学费”的学习，犯了错误也可以重头来过。

当然，在学生阶段参加社会活动并不是多多益善。在“开复学生网”上有一位 Crest 的论坛最有价值专家（MVP）建议说：“参加社团活动有四个准绳：力所能及、锻炼提高、志愿服务、兴趣所在。如果一个社团活动会影响你的学习，那么一定要做出调整，这就是力所能及。如果社团活动对锻炼提高帮助不大，那么要考虑这种活动是否对他人有帮助，自己对帮助他人是否有兴趣。如果这种活动对他人没有帮助，或者自己对帮助别人力所不及，那么也可以考虑洗手不干。在学习过程中（比如在学业交流和课程实践项目里）也可以培养合作与沟通能力，所以，不要刻意要求自己当学生干部或参加自己不喜欢的社团活动。”

来源：李开复．做最好的自己．北京：人民出版社，2005.

5. 承诺

承诺，即一个人对其他人所说的具有一定憧憬的话，一般是可以实现的。承诺，既是一种责任，又是一种义务——说到做到，勇于承担。重视自己的承诺，践行自己的承诺，才能更好地实现职业生涯的发展。

拓展阅读：谁都不能改变我的承诺

快下班时，百事可乐公司的总裁卡尔·威勒欧普接到客户邀请他参加晚宴的电话，他毫不犹豫地谢绝道："很抱歉，我已经说好今天晚上陪女儿过生日。我不想做一个失约的父亲。"

第二天，卡尔上班做的第一件事，就是打电话向那位客户道歉，客户非但没有生气，反而由衷地赞叹道："卡尔先生，其实我要感谢您啊，是您用行动让我真切地记住了什么叫作一诺千金，我明白百事可乐公司兴旺发达的真正原因了。"此后，卡尔和这位客户竟成了非常亲密的合作伙伴，甚至在公司经营遭遇最大困难的时候，也不曾动摇彼此的信任。

来源：黄海佳．世界中学生文摘．2004 年 06 期．（有删减）

【课堂活动】"走进新团队"组建学习小组团体辅导

团体辅导对象：课程学员，以教学班为单位，60～80 人。

团体辅导目标：1. 促进学员相识；
2. 建立学习小组；
3. 订立对课程的共同学习目标。

团体辅导流程：

阶段与主题	辅导目标	团体练习	时间
导入	说明活动目标 强调课程的价值观	讲师做简要介绍	5 分钟
缘聚你我他	彼此相识 建立关系	"滚雪球"认识新朋友： 1－2－4－10	35 分钟
团队组建时	增进了解 建立学习小组	小组任务 小组展示	10 分钟 15 分钟
成长承诺书	团结合作 订立承诺	许下学习承诺 总结	15 分钟

团体辅导练习：

（1）我的新朋友

今天，我认识了很多新朋友，以下是他们的基本信息。

姓名	学院、专业	其他信息

来源：清华大学樊富珉教授《辅导员团体技能系列工作坊》讲义，有改编。

（2）我们的小组

今天，我们组建了学习小组。本学期，我和我的小伙伴们将在一起共同学习、体验和成长。让我们记住这个小组吧！

小组名称：________________________

小组LOGO：

小组口号：________________________

____

小组队歌：________________________

小组共同的学习目标：

____

____

____

（3）我们对本课程的学习作出承诺：

__________小组对课程的承诺

____

____

____

____

____

承诺人（请小组的每一位成员签名，表达你的郑重承诺）：

____

____

____

小组组长：____________ 签订时间：____________

我对课程的承诺

______同学对课程的承诺

____

____

____

____

二、课程目标

通过本课程的学习，期待与同学们一起实现四个目标：

1. 生涯目标得到明确

课程将协助同学们确立长远而可行的生涯目标，使之符合个人愿望、单位要求和社会规范。

2. 个人起点逐渐清晰

课程将协助同学们客观评估自己的各项素质、职业价值观、潜在能力及兴趣热情。

3. 行动计划更加有效

课程将协助同学们确定自身的努力方向与标准、采取的措施及步骤，制订有效的行动计划并付诸实施。

4. 成长过程趋于合理

课程将协助同学们运用各种资源和人脉，学会掌控时间、精力，通过教学实践活动得到体验，得到成长。

大学生可通过探索寻找理想与现实之间的差异，通过历练做到坚定信念、活用知识、不言放弃，通过行动最终收获理想工作、美好前程、幸福人生。

三、课程内容

课程内容根据生涯规划相关理论，结合大学生开展职业生涯探索的思路进行设计，力图让学生在有限的时间内，完整体验生涯规划的四个基本步骤：“知己”、“知彼”、“决策”和“实施”。四者之间的关系如图1－1。

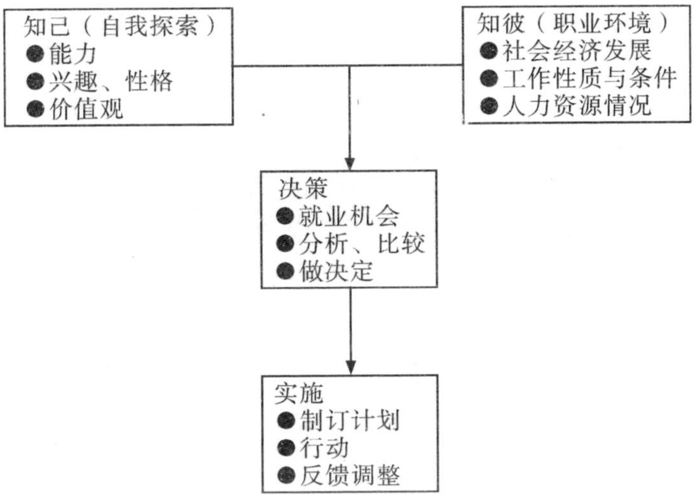

图1－1　职业生涯规划的四个基本步骤

根据学生职业发展的需求和社会发展实际，课程设计了符合大学生职业认知特点和素质拓展的课程内容。课程共34学时，2个学分，主要包括三个系列（见表1－1）。

表1－1　大学生职业生涯规划与管理课程体系

系列	内容	说明	学时
“专业知识”系列	生涯规划基础知识	相关理论的观点与背景	2
	生涯决策	生涯决策的方法及运用	2
	生涯规划制订与实施	规划制订的依据与步骤	2
	职业素质和能力培养	职业素养的锻炼与方法	4

续表 1－1

系列	内容	说明	学时
“客观认知”系列	大学再认识	了解大学的内涵和特点	2
	自我新探索	了解自我的方法与实质	6
	职业新认知	了解就业形势与社会环境	6
“实践体验”系列	自我探索工作坊	认识自我的体验	2
	外出岗位调查	体验了解岗位要求的方法	4
	素质拓展	体验团队的作用	2

课程突出实践教学，重在“实践体验”，采用了多种方法组织教学，如通过案例分析、模拟训练、职业测评、小组讨论和辅导、互动游戏、视频交流、实践走访、报告评估、素质拓展、总结分享等多元化开放式的教学方式，鼓励学生参与，强调学生的收获与成长；课程重视学生行为导向，遵循“守时、投入、尊重、合作、承诺”的课程价值观，教学要求严格；课程也非常重视职业测评工具、网络学习资源的使用。

课程采用多角度的课程考核和评价方式。学生的课程成绩由三部分组成：个人平时表现，占课程成绩的30%；期中考核为“工作调查报告”，由小组共同完成，占35%；期末考核为个人“职业生涯规划报告书”，占35%。这体现了教师评价和学生评价相结合、过程评价与结果评价并重的课程考核和评价特点。

第三节　探寻生命的意义

职业是生涯中很重要的元素，大部分人工作的时间占人生的1/3。在终身发展的理念下，找到自己生命的意义，正确看待成功，定位自己的职业，通过学习、工作和生活的平衡赋予生命意义，是我们成功迈向职业生涯发展的关键。

一、生命意义之追问

1. 何为生命

生命，泛指一切具有稳定的物质和能量代谢现象，能回应刺激和进行繁殖的半开放物质系统。生命个体通常都要经历出生、成长和死亡。生命是如此的短暂，我们不能延长生命，但是可以让它变得更精彩，绽放生命的美丽。

我们不可以决定生命的长度，但我们可以决定生命的宽度；不能左右天气的阴晴，但可以改变自己的心情；不能改变自己的容貌，但可以展现自己的笑脸；不能控制别人，但可以把握自己。

2. 生命意义之追问

人生在世时间有限，如何有意义地度过人生成为历代人类的思考。在中国，由于民族文化和教育体制的不同，我们常常陷入“应试教育”的思维模式，一切听从父母或老师的意见。这就导致在很多人的观念里，大学 = 文凭 = 就业，学习被简化为文凭，误认为学习的目标是找到工作而不是获得智慧。由于现在的大学专业划分越来越细，各种学科很容易让人们专注于具体的细节而忽略了最根本的人生意义。上海交通大学文学研究所所长夏中义教授曾提出“精神成人”的理念，意旨“让一个大学生于本科期间初具‘独立精神、自由思想’之潜质，其鉴别尺度之一，是看其在学业之余，能否认真且持续地向自己追问‘如何做人’这一终极命题，以及在何种价值水平上思索乃至践履此命题”。其实质是人生价值追求，能通过大学生的自由抉择、日常践行及独立担当，最终内化为他（她）的血肉。只有在精神上成人了，我们才可以获得真正意义上的个人的幸福和快乐。从某种意义上说，一个人开始追问生命的意义，就意味着在精神上开始走向成熟。人生的意义有一个衡量的指标：要过有价值的人生，能自主地做出选择，能为自己的选择承担全部的责任，能管理好自己的时间和生活，做自己成长的第一负责人。

在大学里，我们必须不断地追问自己的生命价值在哪里、自己的人生价值是什么、为什么活着、自己真正想要的是什么、生命的意义是什么等深层次的问题。因为不在大学里追问这些问题，出来工作后由于工作和生活的压力往往就没有功夫思考这些问题了。英国生命天赋学院的创办人朱利安·罗素在“绽放你的生命天赋”课程中曾提出，追随你的激情，你有寻找自己生命意义的权利。过你真正想过的生活，成为真正的自己。你的生命召唤将从这些问答开启，在内心回答这些问题，你将获得生命的指引与超越。这些问题解决好了，也就把握住了自己。每个人的天赋不同，兴趣各异，个性也不尽相同，每个人都有成功的可能，人生也可以是多姿多彩的。每个人都应该有梦想，并为此梦想负责。认清自己生命的方向，找到自己生命成长的节奏，当你不需要再证明自己是优秀的，看清了自己一直以来试图向世界证明自己是优秀的模式，当你能认清自己内心的时候，一个新的世界将会展现。

拓展阅读：草莓的自知之明

一天，一位国王去花园散心。令他惊异的是，所有树木、灌木和花竟全倒伏在地上，气息奄奄。国王连忙向植物们询问原因。橡树告诉他："我无法长得像松树一样高，不想活了。"

松树说："我不能像葡萄一样结出果实，还活个什么劲儿！"

葡萄说："我不能像玫瑰一样开花！"

玫瑰哀哭道："我怎么都没办法长得如橡树高！"

这时，国王发现了一株草莓，它的叶子鲜亮、翠绿，白色的花朵繁密、茂盛，似乎比以往长得更好。

国王问它："在这样一个死气沉沉、忧郁气氛笼罩的花园，你怎么长得如此健康？"

"哦，我也不知道为什么。但我总是想，您之所以种植我，是因为您想要草莓。倘若您想要一棵橡树或者玫瑰，自然会种植它们。"草莓回答。

你无法成为别人，但你有自己的芬芳。别在对自己的宣判中慢慢枯萎，要像草莓一样，爱自己的一切，尽全力让生命夏花般绚烂绽放。

来源：《青年文摘》，2014 年 3 月版。

3. 在生活或工作中运用自己的天赋

个人天赋是能力层面的发现，天赋的落地，还需要和个人内在的召唤与愿景紧密结合。这种召唤是深层次的，超越职业的目的感，带来人生的意义与价值感。人生召唤直接唤醒人们的激情。同时，我们也可以通过使我们有激情的事情去"按图索骥"，寻找到我们内心真正的召唤。如此便能如哲学家罗素所言：使事业成为喜悦，使喜悦成为事业。当召唤清晰后，我们便可以开始愿景的展望。从人生终极愿景往前回溯，就可以弄清楚人生每个阶段的重要目标。人一旦为自己设下目标，带来希望，所有的行为就将会凝聚在这个希望周围，使人活出意义来。

【课堂活动】生涯愿景建构

步骤一：在 A3 白纸上方贴上或描述出自己想要的三种生活场景，并在下方写下自己的阶段性目标。

找 3 ～ 5 位和你关系最密切的朋友或舍友，在大家共同空闲的时间及较为轻松的环境下，参考下列内容彼此相互倾诉自己未来的理想愿景。

（1）形容你的个人愿景，包括自我形象、有形财产、感情生活、个人健康、人际关系、工作和个人休闲等。这个阶段你会回溯迄今为止自己的所有个人愿景，其中哪些实现了？哪些没有实现？原因是什么？

（2）检验并澄清愿景和现实的关系。在刚刚的形容中，你能列出组成个人愿景的清单和主要方面吗？这些方面和你现在的生活有哪些联系？假定现在你有机会实现愿景，你愿意为它努力吗？

步骤二：目标宣告仪式：请填写以下内容并与同学分享自己的生涯愿景

● 在未来十年，你打算实现哪些目标，成为怎样的人？

● 在大学毕业前，你打算实现哪些目标，成为怎样的人？

● 你还可以尝试写在微博、微信、QQ签名上，邀请身边的人来监督你。

（1）忠诚于自己的内心，做真实的自己。我们都希望活出自己的精彩人生，但在我们的成长经历中，不乏各种干扰事件出现。比如，成功人士就应该是西装革履、衣食无忧的；再如别人家的小孩永远比自己优秀；又如总有人为自己的人生“出谋划策”……实际上，职业生涯规划的前提就是要虔诚地做自己。找到未来的方向，挖掘自身的价值追求，悦纳当下的不足，朝着自己的方向努力，为自己的选择承担全部的责任，这是一个成熟个体的表现。

拓展阅读：总有那么一批人

总有这么一批人，小时候，他们问你：“在哪儿上学啊？”因为他们想知道，你上的是普通学校还是名校。“考了第几啊？”因为他们想知道，你的成绩是好还是不好。可他们却不会问你：“喜欢学习吗？”“对哪方面感兴趣？”这就是社会的普遍价值观。

再后来，又是这批人，遇到了你，接着问你：“在哪儿工作呢？”他们想听听你的工作是不是体面。“每个月能挣多少钱？什么编制？”他们常会在心里拿你跟自己的孩子比一比，然后选择是炫耀、羡慕或是沉默。可他们却不会问你：

“喜不喜欢自己现在的状态?”这就是社会的普遍价值观。

过不了多久，再碰到他们的时候，他们又会继续问你：“结婚了吗？找对象了吗?”“他家里是干什么的?”“他哪儿毕业的?”“他什么学历?”“他在哪儿工作?”“他一个月能挣多少钱?”“他家里有房子吗?”……而不会问你：“他是怎样一个人?”“他对你好不好?”这就是社会的普遍价值观。

总之，他们好像总有的问。因为社会的价值观在这里，他们需要依照这样的标准去攀比。社会影响了人，人又反作用于社会。只是对于这些事，如人饮水，冷暖自知。

你有没有问过自己，你的所作所为是否是真心地为了自己呢？是否真的因为想这样做才这样做的呢？是为了面子，为了自尊，还是为了爸妈的面子或者他们的自尊？人要做自己才是最难的，优越的外在条件都是表面。有很多人为了虚荣，打肿脸充胖子。心里不快乐，也许累了一辈子，灵魂却是匮乏的。

来源：http：//blog. renren. com/share/232903578/11165074463。

不知道自己想要什么，就会被他人牵着鼻子走，内心不会有充实感和愉悦感。因此，感知生命的召唤，实现人生的价值，需要有敢于做自己的勇气，和乐于做自己的毅力。面对真实的自己，让自己的本性表达出来，面对自己的不完美，需要勇气。当你诚实面对自己的内心时，你会发现，不足的一面会慢慢消失，你也会变得更加真实。

（2）人生没有可比性，做最好的自己。2014 年“超级演说家”冠军刘媛媛在终极 PK 演讲时有这样一段话：“人生和人生是没有可比性的，我们的人生怎么样取决于我们的感受，你一辈子在感受抱怨，那你的一生就是抱怨的一生；你一辈子在感受感动，那你的一生就是感动的一生；你一辈子都立志于改变这个社会，那你的一生就是一个斗士的一生。英国有一个纪录片《人生七年》，片中访问了 12 位来自不同阶层的七岁小孩，七年后，重新访问这些小孩，在影片的最后发现，富人的孩子还是富人，穷人的小孩还是穷人，但这里面有一个叫尼克的贫穷小孩，他在最后通过自己的奋斗变成了一个大学教授，可见命运的手掌中是有漏网之鱼的。现实生活中，寒门子弟逆袭的例子数不胜数。命运给你一个低的起点，是想告诉你，让你用你的一生，去奋斗出一个绝地反击的故事，这个故事是关于梦想、关于勇气、关于坚忍、关于奋斗的，它不是一个水到渠成的故事，它有一点点人间疾苦，这个故事是有志者事竟成，破釜沉舟，你认为你是怎样的人，你的每一句就会透出这些信息，最终你也会成为这样的人。你的每一个决定，决定了你。你的选择，选择了你。所以，有什么样的生命追求，就有什么样的人生境界和归宿。所以，不要放弃自己的人生，做自己的主人。”

拓展阅读：你永远都不会知道自己到底有多坚强

人生就像一杯没有加糖的咖啡，喝起来是苦涩的，回味起来却有久久不会退去的余香；人生就是一场旅行，不在乎目的地，在乎的是沿途的风景以及看风景的心情；人生就是一条坎坷曲折的路，即使不断地跌倒，也一定要爬起来，坚持自己的梦想。记住，这一秒不放弃，下一秒就会有希望。

也许你的生活并不富裕，也许你的工作不够好，也许你正处在困境中，也许你被情所弃，不论什么原因，请你在出门时，一定要把自己打扮得清清爽爽、漂漂亮亮，昂起头，挺起胸，面带微笑，从容自若地面对生活。只要你自己真正撑起来了，别人无论如何是压不垮你的，内心的强大才是真正的强大。

不要在意别人在背后怎么看你、说你，因为这些言语改变不了事实，却可能搅乱你的心。心如果乱了，一切就都乱了。理解你的人，不需要解释；不理解你的人，不值得解释。人贵在大气，要学会对自己说，如果这样说能让你们满足，我愿意接受。并请相信，真正懂你的人，绝不会因为那些有的、没有的而否定你。

若一直在意外界的感受，最终只会感受外界而忘了自己。做一个心里有他人的人，不是全身心围绕他人，而是在心里有一支锚。锚太沉无法航行，没有锚难以靠岸。偶尔抛锚，就享受海天一色，决意起锚，就直面波涛汹涌。不被理解的时候，就多理解自己。不被在乎的时候，就少在乎别人。

来源：刘同．你的孤独，虽败犹荣．北京：中信出版社，2014.

二、正确理解成功与幸福

幸福是什么？有人说，幸福是金钱、地位、名誉等，也有人说幸福是一种快乐感，一种信心。无数的事实证明，我们身边不缺看似具有地位、金钱、名誉的人，但他们或许并不快乐。即使富豪比我们富裕一万倍，但快乐值并不一定会比我们多一万倍，因此，幸福更多的是一种自我实现，是内心的一种体验。当你发现幸福的源泉来自内心时，你的思维模式也将随之改变。不同的思维方式，决定了看问题的不同角度（见表1－2）。

表1-2　不同思维方式的人看问题的不同角度

消极的人	积极的人
在问题面前束手无策	想办法解决问题
心灵是封闭的	头脑是开放的
观念是陈旧的	观念是崭新的
只说不做	语言后面跟着行动
看结果做事	看趋势做事
只看消极与失败的一面	先看积极和光明之处
在失败面前找借口	在失败之后找原因
字典中总有“不可能”	字典中没有“不可能”
不愿合作、不会利用人际关系	喜欢与人合作，会利用人际关系
目标短浅，斤斤计较眼前得失	目光远大，不会计较一时利益
总觉得时间充裕，无所事事	总觉得时间不够用，忙于做事
总想休息，工作并痛苦着	热爱事业，工作并快乐着

可见，快乐的人遇到问题向内看，问自己原因。不快乐的人遇到问题向外看，责怪他人。遇到事情，不妨先自己想明白，再小心翼翼地向别人请教，感恩、珍惜别人的付出，对生命负责，无论迷茫与否，都努力过好当下。

有什么因，就会有什么果。正如拉萨连续五年被评为我国幸福指数最高的城市，而不丹则被誉为是幸福指数最高的穷国家。为什么在这些地方，没有富足的生活，却有如此高的幸福指数呢？去过拉萨的人都会感受到当地群众的纯朴，他们的信仰是“无我利他”，所以心是单纯宁静的。

其实，每个人对成功、幸福的定义都不尽相同，但我们都有追求幸福的能力。成功只是幸福的一种副产品，幸福是内修而不是外求。年轻人可以有困惑，可以有迷茫，但绝不能允许自己放弃努力。

拓展阅读：向幸福道歉

1988年，霍华德·金森24岁，是美国哥伦比亚大学的哲学系博士。他毕业论文的课题是《人的幸福感取决于什么》。为了完成这一课题，他向市民随机派发出了1万份问卷。问卷中，有详细的个人资料登记，还有五个选项：A. 非常幸福。B. 幸福。C. 一般。D. 痛苦。E. 非常痛苦。历时两个多月，他最终收回了5200余张有效问卷。经过统计，只有121人认为自己非常幸福。

接下来，霍华德·金森对这121人做了详细的调查分析。他发现，这121人当中有50人是这座城市的成功人士，他们的幸福感主要来源于事业的成功。而另外的71人，有的是普通的家庭主妇，有的是卖菜的农民，有的是公司里的小职员，还有的甚至是领取救济金的流浪汉。这些职业平凡、生涯黯淡的人，为什么也会拥有如此高的幸福感呢？通过与这些人的多次接触交流，霍华德·金森发现，这些人虽然职业多样、性格迥然，但是有一点他们是相同的，那就是他们都对物质没有太多的要求。他们平淡自守，安贫乐道，很能享受柴米油盐的寻常生活。

这样的调查结果让霍华德·金森很受启发。于是，他得出了这样的论文总结：这个世界上有两种人最幸福。一种是淡泊宁静的平凡人，一种是功成名就的杰出者。如果你是平凡人，你可以通过修炼内心、减少欲望来获得幸福。如果你是杰出者，你可以通过进取拼搏，获得事业的成功，进而获得更高层次的幸福。

他的导师看了他的论文后，十分欣赏，批了一个大大的“优”！

毕业后，霍华德·金森留校任教。一晃，二十多年过去了。如今，霍华德·金森也由当年的意气青年成长为美国一位知名终身教授。2009年6月，一个偶然的机会，他又翻出了当年的那篇毕业论文。他很好奇，当年那121名认为自己“非常幸福”的人现在怎么样呢？他们的幸福感还像当年那么强烈吗？

他把那121人的联系方式找了出来，花费了三个月的时间，对他们又进行了一次问卷调查。调查结果是当年那71名平凡者，除了2人去世以外，共收回69份调查表。这些年来，这69人的生活虽然发生了许多变化（他们有的已经跻身于成功人士的行列；有的一直过着平凡的日子；也有的由于疾病和意外，生活十分拮据），但是他们的选项都没变，仍然觉得自己“非常幸福”。而那50名成功者选择的选项却发生了巨大的变化，仅有9人事业一帆风顺，仍然坚持当年的选择——“非常幸福”；23人选择了“一般”；有16人因为事业受挫，或破产或降职，选择了“痛苦”；另有2人选择了“非常痛苦”。

看着这样的调查结果，霍华德·金森陷入了深思，一连数日，霍华德·金森都沉浸在自己的思绪当中。两周后，霍华德·金森以《幸福的密码》为题在《华盛顿邮报》上发表了一篇论文。在论文中，霍华德·金森详细叙述了这两次问卷调查的过程与结果。论文结尾，他总结说：所有靠物质支撑的幸福感，都不能持久，都会随着物质的离去而离去。只有心灵的淡定宁静，继而产生的身心愉悦，才是幸福的真正源泉。

在接受媒体采访时，霍华德·金森一脸愧疚：二十多年前，我太过年轻，误解了“幸福”的真正内涵。而且，我还把这种不正确的幸福观传达给了我的许多学生。在此，我真诚地向我的这些学生致歉，向“幸福”致歉！

来源：http：//mt. sohu. com/20140914/n404295013. shtml。

思考与练习

1. 80 岁生日回想

（1）放轻音乐，请大家用舒服的姿势坐好，放松，闭上眼睛。

（2）想象今天是你 80 岁生日。你的家人、儿孙、亲戚、朋友将为你举办一个盛大的生日派对。家里到处张灯结彩，你的生日派对很快就要开始了。现在，你独自一个人坐在书房里，外面是隐隐约约的音乐和人声。请你回想自己走过的一生中，有哪三件事是你为之感到自豪的，当你回想起来的时候感到愉快。

（3）想好后请睁开眼睛，写下这三件事。

____

____

____

2. 生命的清单

五官科病房里同时住进来两位病人，都是鼻子不舒服。在等待化验结果期间，甲说，如果是癌，立即去旅行，并首先去拉萨。乙也同样如此表示。结果出来了：甲得的是鼻癌，乙长的是鼻息肉。

甲列了一张告别人生的计划表离开了医院，乙住了下来。

甲的计划表是：去一趟拉萨和敦煌；从攀枝花坐船一直到长江口；到海南的三亚以椰子树为背景拍一张照片；在哈尔滨过一个冬天；从大连坐船到广西的北海；登上天安门；读完莎士比亚的所有作品；力争听一次瞎子阿炳原版的《二泉映月》；写一本书；等等。凡此种种，共 27 条。他在这张生命的清单后面这么写道：我的一生有很多梦想，有的实现了，有的由于种种原因没有实现。现在上帝给我的时间不多了，为了不留遗憾地离开这个世界，我打算用生命的最后几年去实现剩下的这 27 个梦。

当年，甲就辞掉了公司的职务，去了拉萨和敦煌。第二年，又以惊人的毅力和韧性通过了成人考试。这期间，他登上过天安门，去了内蒙古大草原，还在一户牧民家里住了一个星期。现在这位朋友正在实现他写一本书的夙愿。

有一天，乙在报上看到甲写的一篇散文，打电话去问甲的病情。甲说，我真的无法想象，要不是这场病，我的生命该是多么的糟糕。是它提醒了我，去做自己想做的事，去实现自己想去实现的梦想。现在我才体味到什么是真正的生命和人生。你生活得也挺好吧？乙没有回答。因为在医院时说的去拉萨和敦煌的事，早已因患的不是癌症而被乙放到脑后去了。

在这个世界上，其实每个人都患有一种癌症，那就是不可抗拒的死亡。我们之所以没有像那位患鼻癌的人一样，列出一张生命的清单，抛开一切多余的东西去实现梦想，去做自己想做的事，是因为我们认为自己还会活得更久。然而也许正是这一点量的差别，使我们的生命有了质的不同：有些人把梦想变成了现实，有些人把梦想带进了坟墓。

如果你的生命只剩下1年的时间，你要做的事情是：

(1) ______

(2) ______

(3) ______

(4) ______

(5) ______

(6) ______

(7) ______

(8) ______

(9) ______

(10) ______

推荐阅读

1. 程良越，谢珊．大学生职业生涯发展．广东高等教育出版社．
2. 李开复．做最好的自己．人民出版社．
3. 古典．你的生命有什么可能．湖南文艺出版社．

推荐视频

1. 刘媛媛《寒门贵子》
2. 方励《感谢你给我机会上台》

第二章　职业生涯规划理论

理论是实践的眼睛。——邹韬奋

20 世纪初，美国为了解决“一战”后的退伍军人再就业问题而逐渐形成和产生职业生涯规划，随之也产生了一系列理论模型。经过近百年的发展，职业生涯规划理论逐渐丰富。直到 20 世纪 90 年代中期，职业生涯的理论才传入中国。学习职业生涯规划相关理论可以帮助大学生了解自我和周围环境，并进行合理的职业生涯规划。

第一节　职业生涯规划基本理论

本节选取部分发展得比较成熟，使用比较广泛的职业生涯规划理论进行介绍。

一、帕森斯的特质—因素理论

帕森斯的特质—因素理论又称帕森斯的人职匹配理论，是最早的职业辅导理论。1909 年，美国波士顿大学教授弗兰克·帕森斯（Frank Parsons）在其《选择一个职业》的著作中提出人与职业相匹配是职业选择的焦点，他认为，每个人都有自己独特的人格模式，每种人格模式的个人都有其相适应的职业类型。所谓“特质”，是指个人的人格特征，包括能力倾向、兴趣、价值观和人格等，这些都可以通过心理测量工具来加以评量。所谓“因素”，是指在工作上要取得成功所必须具备的条件或资格，这可以通过对工作的分析来了解。

（一）人职匹配包括两种类型

1. 因素匹配

例如需要某种专门技术和专业知识的职业与掌握该种特殊技术和专业知识的择业者相匹配；劳动条件很差的职业，需要吃苦耐劳、体格健壮的劳动者与之匹配。

2. 特性匹配

例如具有敏感、易动感情、不守常规、个性强、理想主义等人格特性的人，宜于从事审美性、自我情感表达的艺术创作类型的职业。

特质—因素理论适用于每一个人，无论是青少年、面临就业的大学生，还是考虑跳槽或转换职业生涯轨道的人士都能从中得到帮助，找到满意的职业，造福社会。

（二）人职匹配的三个步骤

（1）对自身的能力、兴趣、志向、智能和自身局限有清楚的认识，理解自身特点形成的原因。

（2）对职业成功的要求、条件、不同行业工作的优劣势、机会和前景有详细的了解。

（3）对前面两个原则之间的关系进行深入的分析，做到人职匹配（见图2－1）。

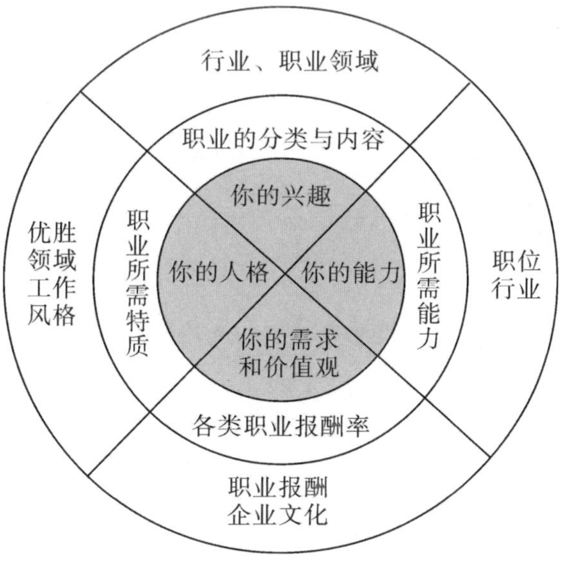

图2－1　特质—因素理论匹配图

来源：新精英生涯公司培训课件。

运用该理论过程中值得注意的是，对个人特质和职业特点要有准确的认识，并尽可能详细地加以分析。同时，必须区分持久的与暂时的、重要的与次要的特质，重点匹配持久的和重要的特质。如性格比兴趣更持久，个人行事方式比知识更重要等。

二、舒伯的职业生涯发展理论

美国代表性的职业管理学家舒伯（Donald E. Super）是职业生涯发展研究领域中最具权威性的人物之一。他出版的《职业适应动力学》和《职业心理学》两本生涯发展专著奠定了他在该领域的权威地位。20 世纪 80 年代末，舒伯在许多研究者所获成果的基础上，综合了差异心理学、发展心理学、职业社会学、人格理论等四个学术领域的内容，系统提出了生涯发展理论。

（一）生涯发展阶段

舒伯把人生的职业生涯分为五个主要阶段（又称大循环）（见表 2－1）。

表 2－1　舒伯划分的生涯发展五个阶段

阶　段	年龄段
成长期（growth）	从出生到 14 岁
探索期（exploration）	15 岁到 24 岁
建立期（establishment）	25 岁到 44 岁
维持期（maintenance）	45 岁到 64 岁
衰退期（decline）	65 岁以上

拓展阅读：在中国古代也有类似的表述

《论语》提到，孔子论述自己的人生阶段为："吾十有五而志于学，三十而立，四十而不惑，五十而知天命，六十而耳顺，七十从心所欲不逾矩。"其意为：从 15 岁到 30 岁是有目的的积极学习阶段；30 岁到 40 岁，心智已比较成熟，事业已能自立；从 40 岁到 50 岁，经过多年的学习与实践，已有了完整的人生见解，不被外界事物所迷惑；50 岁到 60 岁，丰富的人生经验让自己能认识自己的职业、兴趣所在，懂得人生使命；从 60 岁到 70 岁，历练丰富，博学多见，能够冷静地倾听、接受别人的意见；70岁以上，人的修养已经十分稳定，言行自由而不会违背道德规范。

来源：http：//job. zzu. edu. cn/news/content. aspx？ id＝22。

在每个时期至下个时期之间的阶段，称为转换期（transition），又称为小循环，包括和新的成长、再探索和再建立三个历程。舒伯认为不同的阶段面临的发展任务不同，个人必须达成其每一阶段的生涯发展任务，并为下一阶段的发展做好预先规划与准备。个人一旦进入一个新的生涯发展阶段，则会进入一个新的发展循环，重新经历成长、探索、建立、维持、衰退等一系列历程（见图2－2）。

生涯阶段	青年期（14~25岁）	成年期（25~45岁）	中年期（45~65岁）	老年期（65岁）
成长期	发展适合的自我概念	学习与他人建立关系	接受自身的限制	发展非职业性的角色
探索期	从许多机会中学习	寻找心仪的工作机会	辨识新问题设法解决	寻找合适的退隐处所
建立期	在选定的领域中起步	投入所选定的工作	发展新的因应技能	完成未完成的梦想
维持期	确定目前所做的选择	致力维持工作的稳定	巩固自我防备竞争	维持生活乐趣
衰退期	减少休闲活动时间	减少体能活动时间	专注于必要的活动	减少工作时间

图2－2 舒伯的生涯发展阶段论（小循环）

（二）自我概念（self-concept）

在20世纪90年代早期，舒伯提出“拱门模型”（archway model），该模型说明了生理、心理以及社会经济因素如何影响生涯的发展。“拱门”的基石之一是个人的心理特质，包括个人的需求、价值观、兴趣、能力等；“拱门”的另一基石是社会性因素，包括经济、社会、劳动力市场、家庭、学校等。连接两大基石的拱形由生涯发展阶段与自我概念连接而成，主导个人的生涯选择与发展。在个人的成长过程中，社会性因素与个人的心理特质交互作用，形成个人的自我概念。自我概念是影响整个个人生涯发展的重要因素。因此，每个人都应通过各种活动、体验进行自我探索，了解自己的职业兴趣、职业价值观和能力等个性特征，提供工作世界的信息，形成正确的自我概念（见图2－3）。

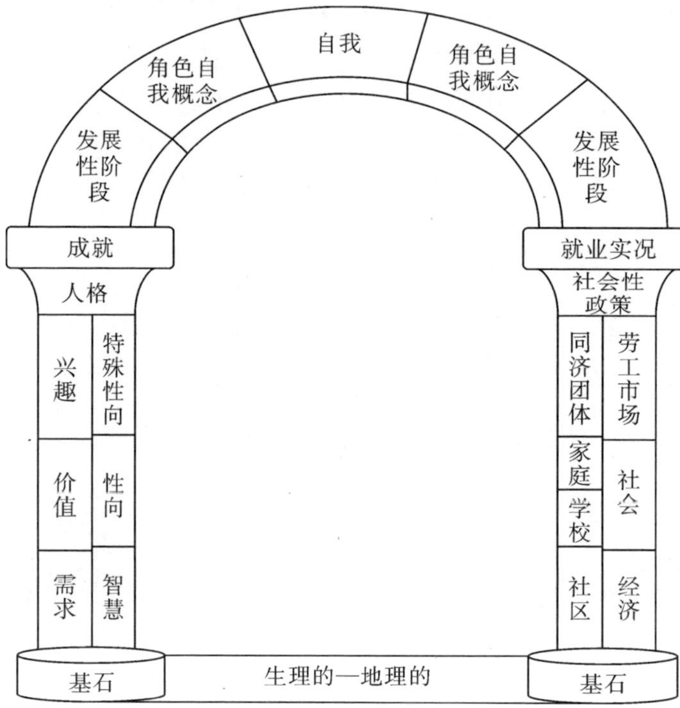

图2－3　舒伯的拱门模型理论

自我概念是舒伯生涯发展理论中的核心。舒伯认为职业生涯发展是发展和实现自我概念的过程。自我概念是一个结合体，包括了生物学特征以及个人所扮演的社会角色等，具体指个人看待自己和自身境况的观点。它不是静态的，而是持续发展的，并影响着生涯决定。因此，正确的自我概念是生涯成熟的必要条件（见图2－4）。

个人或心理上的	社会的
●个人如何选择 ●如何对选择进行调整	●个人对其社会经济情况及与工作和生活有关的当前社会结构的个人评价

图2－4　自我概念内涵

（三）生涯成熟度（career maturity）

舒伯认为在各个阶段完成适当的任务，即生涯成熟。生涯成熟度与自我认知、生涯知识及发展规划的能力相关联（见图2－5）。

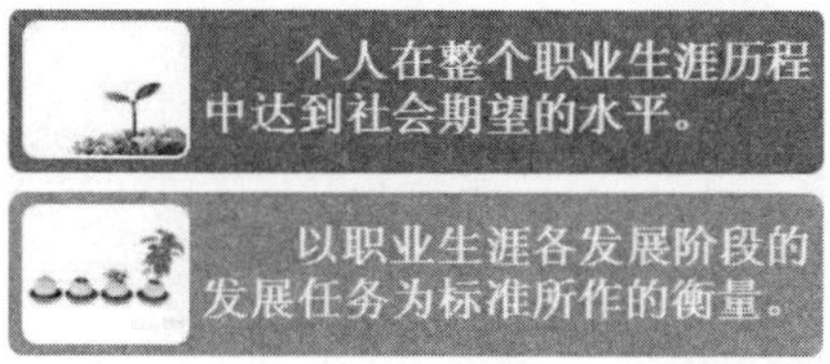

图2－5　生涯成熟度内涵

生涯成熟度包含了以下六个维度：

（1）职业选择的定向，是决定个人是否关心做出最终职业选择的态度维度。

（2）职业信息和规划，是个人所有的未来生涯决策及过去所完成计划的能力维度。

（3）职业偏好的一致性，指个人偏好的一致性。

（4）个人特质的具体化，指个人朝向自我概念形成的过程。

（5）职业选择的独立性，指工作经验的独立性。

（6）职业偏好的智慧，是个人将现实偏好与个人任务维持一致的能力维度。

（四）生涯彩虹

从1957年到1990年，舒伯拓宽和修改了他的终身职业生涯发展理论，提出了生涯彩虹图（见图2－6）。他认为个人在发展历程中，会随年龄的增长而扮演不同的角色，生涯彩虹图的外圈为主要发展阶段，内圈阴暗部分的范围、长短不一，表示在该年龄阶段各种角色的份量。人在同一年龄阶段可能同时扮演数种角色，因此彼此会有所重叠，但其所占比例份量则有所不同。根据舒伯的看法，一个人一生中扮演的角色就像彩虹同时具有许多色带一样，这些角色包括子女、学生、公民、工作者、休闲者、配偶、持家者、父母及退休者，这九个角色主要出现在家庭、社区、学校及工作场所四个人生舞台上。

舒伯将显著角色（role salience）的概念引入了生涯彩虹图，显著角色指各个角色的重要性或显著性。他认为角色除与年龄及社会期望有关外，还与个人所涉入的时间及情绪程度有关联，因此每一阶段都有显著角色。

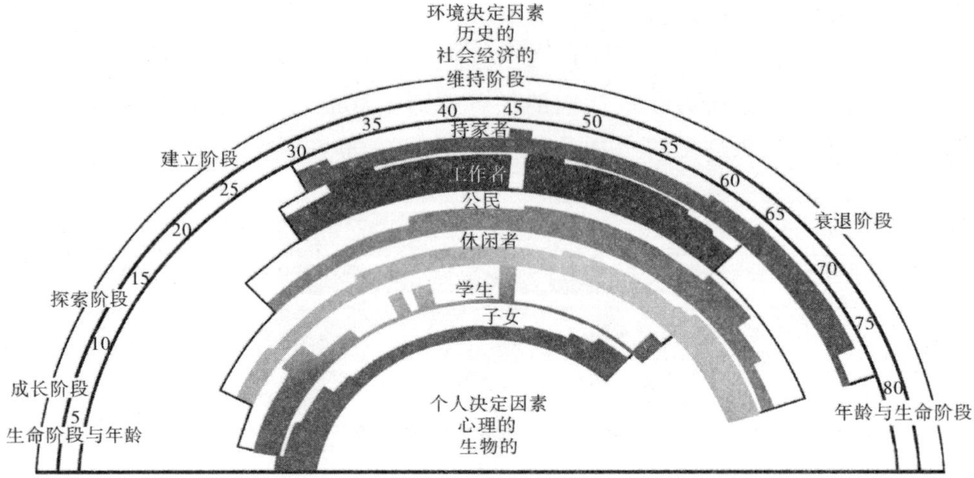

图 2－6　生涯彩虹图（舒伯）

舒伯在后期又将影响择业的因素分为两大类，即个体决定因素和环境决定因素（见图 2－7）。

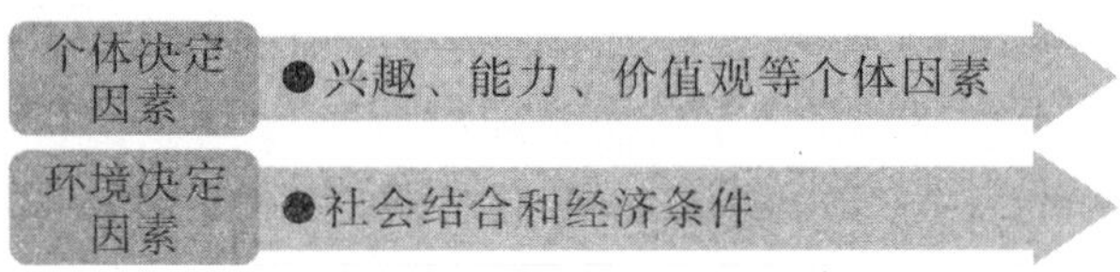

图 2－7　择业影响因素

舒伯认为人的行为方向受到三种时间因素的影响：一是对过去成长痕迹的省视；二是对目前发展状况的审视；三是对未来可能发展方向的展望。这三种因素是相互影响的，过去是现在的成因，现在又是未来的基础。通过画个人的生涯彩虹图，可回顾自身发展历程中一些特殊的经历、重要事件的影响、个人的态度与感受以及各个阶段所扮演的角色等并进行分析，以增进对自己的认识，积极地设计自己未来的发展计划，并付诸行动。

三、霍兰德的职业兴趣理论

美国职业咨询专家霍兰德（Holland）于 1959 年提出了具有广泛社会影响的职业兴趣理论，该理论也是对我国影响最大的一种职业生涯规划理论。霍兰德认为包括价值观、动机和需要等构成的职业兴趣是决定一个人选择何种职业的重要因素。霍兰德从1959年起经过多次大规模的实验研究，发现个人的遗传因素和生活经历等形成了个人独特的人格，而个体所选择的生涯发展方向必须符合这种人格，才能最好地发挥潜能。

（一）理论假设

霍兰德理论的核心假设是人根据其人格可以分六大类型，且不同的类型彼此间并非是并列关系，而是有着明晰的边界，可用六边形来表示（见图2－8）。

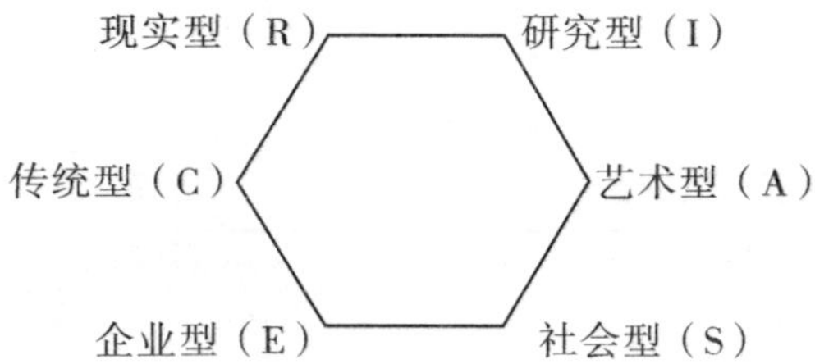

图2－8　霍兰德假设的职业兴趣类型

在霍兰德的理论中，最理想的职业应该符合以下三个特点：

（1）一致性，即人格的代码在六边形中距离越近越好。

（2）分化性，即某人在六种类型上的表现大致相同。

（3）身份认定，即对自己的兴趣、目标以及天分具有明确而稳定的概念。

符合这三个特点的个人如果能够顺利选择与此相符的职业环境，即个人与职业的适配性较高时，其未来的职业绩效、坚持度、工作满意度以及稳定度就会大为提高。

表2－2　霍兰德所划分的兴趣类型

兴趣类型	特点	典型职业
社会型（S）人	喜欢社会交往，关心社会问题，对教育和宗教活动感兴趣。	护士、教师、教授、社会学家、社会工作者等。
研究型（I）人	喜欢智力活动和抽象的工作。	数学、物理、化学和生物学等自然科学工作者，电子学工作者，计算机程序编制者等。
现实型（R）人	喜欢有规律的具体劳动和需要基本技能的工作。	修理工、机械工、电工、制图员和农民等。

续表 2 -2

兴趣类型	特点	典型职业
艺术型（A）人	喜欢文学和艺术，善于用艺术作品来表现自己，感情丰富，爱想象，富有创造性。	作家、艺术家、雕刻家、音乐家、管弦乐队指挥、编辑、评论家等。
企业型（E）人	富有冒险精神，性格外向，喜欢担任领导工作，具有说服、支配、使用语言等能力。	董事长、经理、营业部主任、推销员等。
传统型（C）人	喜欢有条理和有系统的工作，具有友好务实、善于控制和保守等特点。	办事员、办公室人员、打字员、档案工作者、会计、出纳、秘书、接待员等。

霍兰德的理论实质在于工作者的人格类型与职业类型相适应。他认为，人格类型与职业环境的匹配是形成职业满意度、成就感的基础。人们会寻找适合自己的职业环境来充分发挥自己的能力、价值，表达自己的态度以及承担问题和责任。同一类型的工作者与同一类型的职业互相结合，便达到适应状态，工作者的才能与积极性才能得以发挥。

然而上述的人格类型与职业的关系也并非绝对的一一对应。霍兰德在研究中发现，尽管大多数人的人格类型可以主要地划分为某一类型，但个人又有着广泛的适应能力，其人格类型在某种程度上相近于另外两种人格类型，则也能适应另两种职业类型的工作。也就是说，某些类型之间存在着较多的相关性，同时每一类型又有种极为相斥的职业环境类型。比如，人的人格类型中很可能是同时包含着传统型、现实型和研究型这三种类型的。霍兰德认为，这些人格类型越相似或相容性越强，则一个人在选择职业时所面临的内在冲突和犹豫就会越少。

（二）霍兰德理论的局限

1. 只是一种静态理论，并没有考虑到人动态发展的一面

霍兰德的职业兴趣理论主要从兴趣的角度出发来探索职业指导的问题，通过职业兴趣测试来指导个体进行职业选择和职业设计。职业兴趣与个人的特性、自身能力、实践活动、客观环境和所处的历史条件有着密切的关系，它将随着职业生涯的实践过程逐渐发展和变化，因此兴趣测试只能在过去的经验基础上做出判断，对未来无法做出预测。

2. 职业兴趣量表本土化不够

测评量表的开发和使用有一定的人群对象、文化背景和语言环境，测验的常

模和区别标准是在一定的人群中选择代表性的对象做出的，因此也就限定了其使用范围。目前我国使用开发的测评工具很多是从西方引进来的，本土化不足。

3. 对兴趣的本质理解表面化、简单化

兴趣是一种带有情感色彩的认识倾向，它以认识和探索某种事物需要为基础，是推动一个人去认识事物、探求事物的一种重要动机，是一个人学习和生活中最活跃的因素。根据一个人人性心理的发展，兴趣可分为直观兴趣、自觉兴趣、潜在兴趣。直观兴趣，是指一个人的一种本能的兴趣，通过感官的刺激便可引起这种本能兴趣，但这种兴趣是肤浅而不稳定的。如果个体简单地将直观兴趣作为职业兴趣进行分析，容易导致职业兴趣类型分析失准。

案例

肖同学是一名刚上大二的英语师范专业的学生，大学第一年的学习生活以及参与学生社团的经历，让她对职业生涯规划有了模糊的概念，对未来的职业目标有了一定的考虑。肖同学进行了霍兰德职业兴趣测试，报告显示，她倾向于研究型和现实型的职业。这与她自己想象和期望的不一致，她的职业目标是一名教师，而报告得出的结论是她的职业兴趣类型并不适合做教师。她对此感到很困惑，不知道自己是否真的不适合做一名教师，如果自己并不适合做教师，那该如何进行职业规划。通过与肖同学面谈交流，根据她描述的经历和感受来分析，肖同学本身是具备教师职业的相关素质的，她也在这些职业中获得成就感和满足感，出现这个职业困惑的根本原因主要是她对自己的认识不够深入或存在误区，同时存在不自信的问题。咨询师先对肖同学说明职业测评只是个人进行自我认知的一个工具和手段，它可以帮助我们了解自己，而测评过程其实也是一个很好的了解自己的过程，测评的结果只是一个阶段性的结果，但是自我认知是一个漫长的过程。另外，测试结果与测试工具及测试时的心理状况等都有直接的关系，测试结果只能用作决策的参考而非作为结果。接着咨询师通过职业咨询工具帮助肖同学更加清晰地了解自己，建立自信、找到自己的优势和能力。通过咨询，肖同学进一步明确了自己将来成为一名英语教师的职业目标，制订了一系列为实现自己职业目标的学习计划，并承诺会为了实现目标而努力。

四、职业锚理论

斯隆管理学院的44名MBA（工商管理硕士）毕业生，自愿形成一个小组接受美国麻省理工学院斯隆商学院、美国著名的职业指导专家埃德加·H. 施恩

(Edgar H. Schein) 教授长达12年的职业生涯研究，包括面谈、跟踪调查、公司调查、人才测评、问卷等多种方式，其研究成果最终提炼出了职业锚理论（见图2-9）。

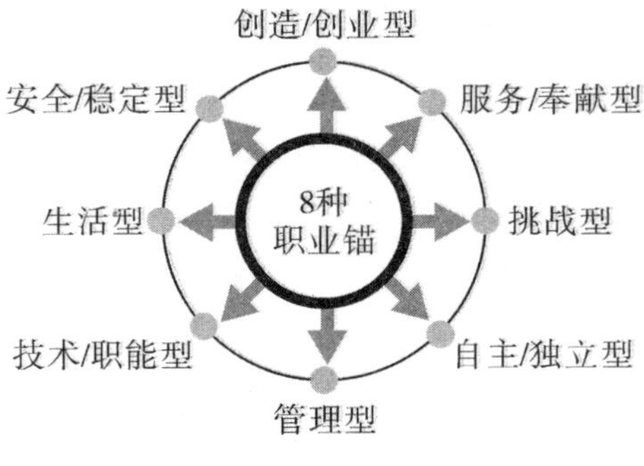

图2-9 职业锚（施恩）

（一）职业锚

锚，是船只停泊定位用的铁制器具。职业锚，实际就是人们选择和发展自己的职业时所围绕的中心，指当一个人不得不做出选择的时候，他无论如何都不会放弃的职业中的那种至关重要的东西或价值观。

职业锚强调个人能力、动机和价值观三方面的相互作用与整合，是个人同工作环境互动作用的产物，在实际工作中是不断调整的。

（二）职业锚类型介绍（见表2-3）

表2-3 职业锚类型

序号	类型	特点
1	技术/职能型	追求在技术/职能领域的成长和技能的不断提高，以及应用这种技术/职能的机会。他们对自己的认可来自他们的专业水平，他们喜欢面对来自专业领域的挑战。他们一般不喜欢从事一般的管理工作，因为这将意味着他们要放弃在技术/职能领域的成就。
2	管理型	追求并致力于工作晋升，倾心于全面管理，独自负责一个部分，可以跨部门整合其他人的努力成果，他们想去承担整个部分的责任，并将让公司成功看成自己的工作。具体的技术/职能工作仅仅被看作是通向更高、更全面管理层的必经之路。

续表 2－3

序号	类型	特点
3	自主／独立型	希望随心所欲安排自己的工作方式、工作习惯和生活方式。追求能施展个人能力的工作环境，最大限度地摆脱组织的限制和制约。他们宁愿放弃提升或工作扩展机会，也不愿意放弃自由与独立。
4	安全／稳定型	追求工作中的安全与稳定感。他们可以预测将来的成功从而感到放松。他们关心财务安全，如退休金和退休计划。稳定感包括诚信、忠诚以及完成老板交待的工作。尽管有时他们可以达到一个高的职位，但他们并不关心具体的职位和具体的工作内容。
5	创造／创业型	希望使用自己的能力去创建属于自己的公司或创建完全属于自己的产品（或服务），而且愿意去冒风险，并克服面临的障碍。他们想向世界证明公司是他们靠自己的努力创建的。他们可能正在别人的公司工作，但同时他们在学习并评估将来的机会。一旦他们感觉时机到了，便会自己走出去创建自己的事业。
6	服务／奉献型	一直追求他们认可的核心价值，例如帮助他人，改善人们的安全，通过新的产品消除疾病。他们一直追寻这种机会，即使这意味着要变换公司，他们也不会接受不允许他们实现这种价值的工作变换或工作提升。
7	挑战型	喜欢解决看上去无法解决的问题，战胜强硬的对手，克服无法克服的困难和障碍等。对他们而言，参加工作或职业的原因是工作允许他们去战胜各种“不可能”。新奇、变化和困难是他们的终极目标。如果事情非常容易，它马上变得非常令人厌烦。
8	生活型	喜欢允许他们平衡并结合个人的需要、家庭的需要和职业的需要的工作环境。他们希望将生活的各个主要方面整合为一个整体。正因为如此，他们需要一个能够提供足够的弹性让他们实现这一目标的职业环境，为此他们甚至可以牺牲他们职业的一些方面，如提升带来的职业转换，他们将成功定义得比职业成功更广泛。他们认为自己在如何生活、在哪里居住、如何处理家庭事业，以及在组织中的发展道路是怎样等方面是与众不同的。

（三）功能介绍

职业锚在员工的工作生命周期和组织事业发展过程中发挥着重要的作用。

1. 使组织获得正确的反馈

职业锚是员工经过搜索确定的长期职业贡献区或职业定位。这一搜索定位过程，依循着员工的需要、动机和价值观进行。所以，职业锚能清楚地反映出员工的职业追求与抱负。

2. 增长员工工作经验

职业锚是员工职业工作的定位，不但能使员工在长期从事某项职业中增长工作经验，同时，员工职业技能也能不断增强，直接产生提高工作效率或劳动生产率的明显效益。

3. 为员工奠定中后期工作的基础

职业锚是员工通过工作经验的积累产生的，它反映了该员工价值观和被发现的才干。员工抛锚于某一种职业工作过程，就是把职业工作与自我观相结合的过程，这就意味着他开始决定成年期的主要生活和职业选择。

（四）应用意义

个人在进行职业规划和定位时，可以运用职业锚思考自己具有的能力，确定自己的发展方向，审视自己的价值观是否与当前的工作相匹配。只有个人的定位和要从事的职业相匹配，才能在工作中充分发挥自己的长处，实现自己的价值。尝试各种具有挑战性的工作，在不同的专业和领域中进行工作轮换，对自己的资质、能力、偏好进行客观的评价，是使个人的职业锚具体化的有效途径。

案例

日本丰田公司在运用员工的“职业锚”方面给了我们有益的借鉴。丰田对岗位一线工人采用工作轮调的方式来培养和训练多功能作业员，这样既提高了工人的全面操作能力，又使一些生产骨干的经验得以传授。员工还能在此过程中发现自己的优势在哪里，从而进行准确定位，找到真正适合自己的岗位。一旦员工确立了自己的职业锚，工作起来就会更具积极性和主动性，效率将会有很大提高。

丰田采取5年调换一次工作的方式对各级管理人员进行重点培养。每年1月1日进行组织变更，一般以本单位相关部门为调换目标，调换幅度在5%左右。短期来看，转岗需要有熟悉操作的适应过程，可能导致生产效率的降低，但对企业长久发展来看则是利大于弊。经常有序换岗还能给员工带来适度的压力，促使员工不断学习，使企业始终保持一种生机勃勃的氛围。

来源：http：//baike. baidu. com/view/59035. htm？ fr = aladdin。

第二节　后现代职业生涯规划理论

后现代思潮始于20世纪60年代的西方国家，渗透到哲学、艺术、历史、语言等领域。在后现代主义背景下，出现了无边界职业生涯的概念，同时对职业生涯成功的理解也发生了变化。大学生应学会运用不同的理论，动态指导职业生涯规划的制订。

一、生涯混沌理论

生涯混沌理论是20世纪末期产生的一种生涯心理学理论。其中最有代表性且被学术界广泛认可的是由布莱特（Bright）和普莱尔（Pryor）提出的生涯混沌理论。传统的生涯理论把人的生涯特点分成性格、兴趣、能力、价值观等具体的维度，然后再据此对人进行精确的测量。但人的兴趣、态度和能力并非静止的，会随着个人的经历、经验而改变。职业测评的结果是稳定的，但是个人生涯是复杂的，职业情境也会受到经济、技术乃至天气等因素的影响（见图2－10）。生

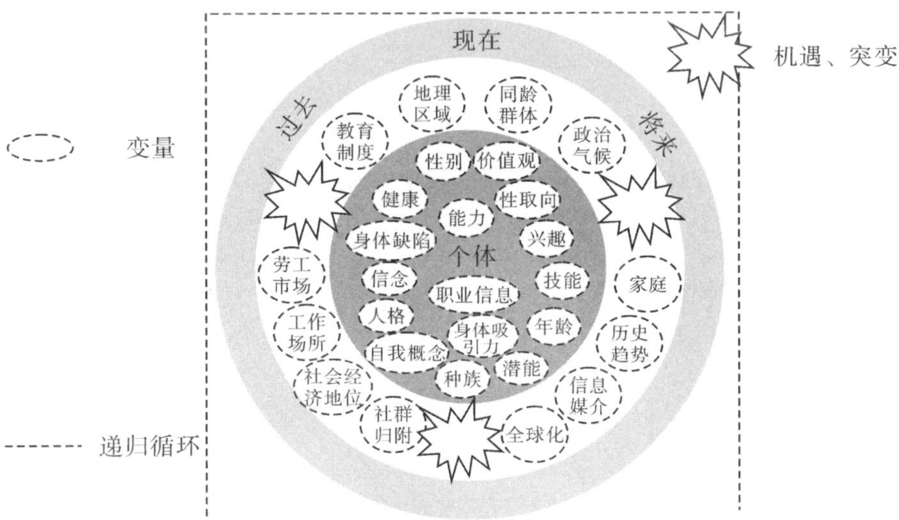

方程一　$Y = F(X_1, X_2, X_3, X_4, X_5 \cdots)$

方程二　$Y = F[X_1(t), X_2(t), X_3(t), X_4(t), X_5(t) \cdots]$

图2－10　生涯发展的复杂性本质

涯混沌理论认为，生涯心理是一种动态开放的复杂系统，具有分形特征的静态结构；其变化过程是非线性的，对初始条件有敏感依赖性，但在复杂的变化中蕴含着可把握性。在生涯心理辅导中，该理论主张采取以叙事为主的方法。与经典的生涯心理学理论相比，生涯混沌理论日益显示出它的理论和应用价值，可弥补经典生涯心理学理论之不足。

生涯混沌理论认为，任何事物、环境都会发生变化，个体必须接受个人生涯发展的复杂性和不确定性，并通过持续的学习增强适应性（见图 2－11）。克朗伯兹在社会适应论中强调了生涯的不确定性，并提出了“拥抱偶然”的观点。有人说：“生涯已死，适者生存。”尽管生涯发展会受各种偶发因素的影响，但并不意味着我们不需要了解自身，不需要了解外界。对于大学生而言，每一个人都需要在了解自身及外界的基础上，找到人生的目标，并通过制订 3～5 年的计划以实现目标。

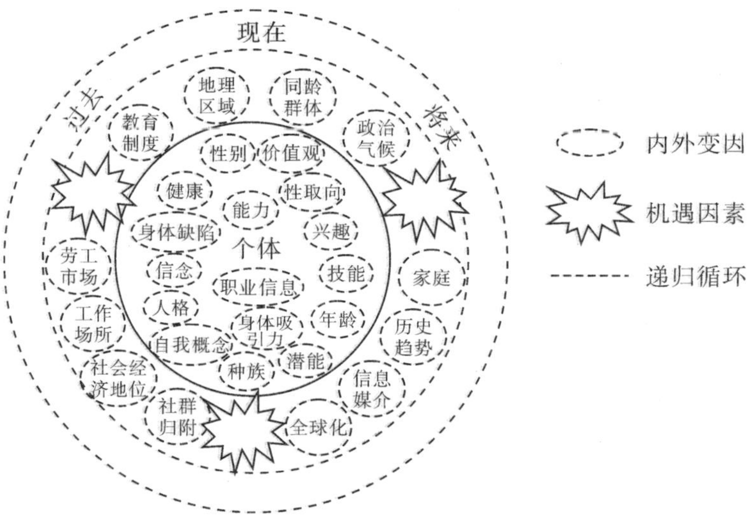

图 2－11　生涯混沌示意图

拓展阅读：从马云的生涯发展看生涯不确定性

马云和他的创业经历，与其他互联网精英相比，显得格外不同。

大学毕业后，马云在杭州电子工业学院教英语。1991 年，马云初涉商海，和朋友成立海博翻译社。结果第一个月收入只有 700 元，而房租 2000 元，遭到一致讥讽。在大家动摇的时候，马云坚信：只要做下去，一定有前景。他一个人背着个大麻袋到义乌、广州去进货，翻译社开始卖礼品、鲜花，以最原始的小商品买卖来维持运转。两年间，马云不仅养活了翻译社，组织了杭州第一个英语角，同时还成了全院课程最多的老师。如今，正如马云当年所愿，海博已经成为杭州乃至浙江省最大的翻译社。

1994 年底，马云首次听说互联网，敏感的马云意识到：互联网必将改变世界！随即，不安分的他萌生了一个想法：要做一个网站，把国内的企业资料收集起来放到网上向全世界发布。此时的马云已经是杭州十大杰出青年教师，校长还许诺他外办主任的位置。但是，特立独行的马云挥挥手，放弃了在学校的一切地位、身份和待遇，毅然下海。

1995 年 4 月，马云和妻子再加上一个朋友，凑了 2 万块钱，成立了专门给企业做主页的“海博网络”公司，网站取名“中国黄页”，成为中国最早的互联网公司之一。

三个月后，临近杭州的上海正式开通互联网，马云的业务量激增。在各企业纷纷忙着建立自己主页的时候，马云的先见之明为他带来了丰厚的利润。当时，制作一张主页，中英文对照的2000 字内容、一张彩照，开价就是 2 万元人民币。不到三年，马云就轻轻松松赚了 500 万元利润，并在国内打开了知名度。

1997 年，在国家外经贸部的邀请下，马云带着自己的创业班子挥师北上，建立了外经贸部官方网站、网上中国商品交易市场、网上中国技术出口交易会、中国招商、网上广交会、中国外经贸等一系列国家级站点。

1999 年初，开阔了宏观视野的马云返回杭州，进行二次创业，他决定介入电子商务领域。1999 年 9 月，马云的阿里巴巴网站横空出世。马云在这个时候建立电子商务网站，在国内是一个逆势而为的举动，在整个互联网界开创了一种崭新的模式，被国际媒体称为继雅虎、亚马逊、易贝之后的第四种互联网模式。阿里巴巴所采用的独特 B2B 模式，即便今天在美国，也难觅一个成功范例。网站注册成立一个月后，由高盛牵头的 500 万美元风险资金便立即到账。马云用这笔钱做的第一件事情，就是从香港和美国引进大量的外部人才。在互联网最寒冷的冬天里，阿里巴巴成为最早宣布赢利的“. com”之一，并被哈佛、斯坦福等著名商学院选为案例，连续四年被《福布斯》评为全球最佳电子商务站点第一名。

2014 年 2 月，阿里巴巴特意在北京公布了自己总额为 8200 万美金的新一轮私募成功，这是迄今为止中国互联网业金额最大的一次募资。这笔战略投资加上此前风险投资的结余和自身 1 亿多元人民币的利润，目前，阿里巴巴已有 10 亿元人民币的现金在手，已经可以和国内任何一家门户网站并驾齐驱了。2014 年 9 月 19 日，阿里巴巴集团在美国正式上市。

来源：新浪博客 http://blog. sina. com. cn/s/blog_49f7ce89010005bs. html。（有删减）

二、无边界职业生涯

无边界职业生涯的概念最早出现于20世纪90年代，是由亚瑟（Arthur）在1994年《组织行为杂志》（*Journal of Organizational Behavior*）的特刊上首先提出来的，是指“超越单个就业环境边界的一系列的就业机会”。与传统的职业生涯不同，无边界职业生涯强调以就业能力（employability）的提升替代长期雇佣保证，使员工能够跨越不同组织实现持续就业。

无边界职业生涯对职业的影响主要有三个方面：

1. 雇佣关系的变化

新时期，社会的雇佣形式呈现出多元化。隐藏在雇佣制度层面之下的是不同雇佣条件下心理契约的变化。无边界职业生涯中，员工与组织之间的心理契约由关系型转变为交易型。传统关系型心理契约的核心在于员工从未来和稳定角度出发，以忠诚换取长期雇佣保障；而交易型心理契约的核心则转变为员工更关注现实条件下组织为员工提供的经济利益和自身就业能力的提升。相比制度层面的雇佣关系调整，心理契约变化的影响更加深刻。

2. 职业生涯成功标准的变化

传统职业生涯成功的标准主要是作为职业生涯结果的薪酬增长、职位晋升，以及外在的社会评价因素，如职业声望、社会称许等。无边界职业生涯的成功标准则发生了方向性变化：从看重结果转变为看重过程，如职业生涯经历、职业社会网络等；从看重外在评价标准转变为个人内在感受标准，如工作是否与兴趣一致、工作与家庭的平衡等。

职业生涯成功标准的转化既是无边界职业生涯导致的结果，同时也是无边界职业生涯产生的原因。无边界职业生涯成功标准中无疑体现了社会价值观多元化趋向，重视过程和自我是当前社会价值观的重要取向。从这个意义上说，职业生涯成功标准既是结果，又是原因。

3. 人力资源中介模式的勃兴

人力资源中介业务的迅速发展是雇佣关系变化的直接结果，集中表现为20世纪末员工派遣业务和网络招聘的崛起。尤其是网络招聘这种成本更低、更快捷的招聘方式降低了企业招聘成本，扩大了招募范围，提高了空缺岗位的填补速度；相对应的，也为员工寻找新岗位提供了更多的便利。

更具冲击力的是猎头服务，这种以职业社会网络关系为基础的定向招募服务在满足企业高端人才需求的同时，也为高端人才突破组织边界获得职业发展提供了便捷途径。目前，类似的猎头服务逐渐突破高端人才的范围，向中低端岗位扩展，出现了推荐人招聘网站，即利用同一职业人员的社会网络寻找合适的候选人，如美国的 Jobster 公司、我国中人网推出的中人网猎，以及新兴的职客网站。

三、生涯建构论

生涯建构论源自人格心理学家凯立（Kelly）的个人建构论。个人建构论所强调的是透过对个人建构的了解以及对外在世界的建构形容，察觉个人所想营造的生涯世界。

凯立认为，每个人在这个世界上生活着，都能静观世上种种发生在自己周围的现象，渐渐地用自己的方式形成自己的理论，自行预测自己的行为，然后根据预测来行事。凯立提出了“每个人自己就是科学家”的观点，其核心理念就是“建构”。建构是人用来解释世界的方式，每个人都以独特的方式来观察自己以及所处的世界，在观察中得出种种预期。生涯构建论认为个体的态度、信念和能力奠定了一个人解决问题的策略，而这些问题解决策略投射到个人职业生涯中则使个人归纳出他在工作角色中的职业自我概念。如何提升个人生涯适应力以达成生涯目标是生涯构建论在职业指导中的核心目标。

学者吴芝仪结合凯利的建构历程演变周期的概念及蓝菲儿和尼迈尔的观点，提出了一个生涯建构系统的发展架构（见图 2－12）。

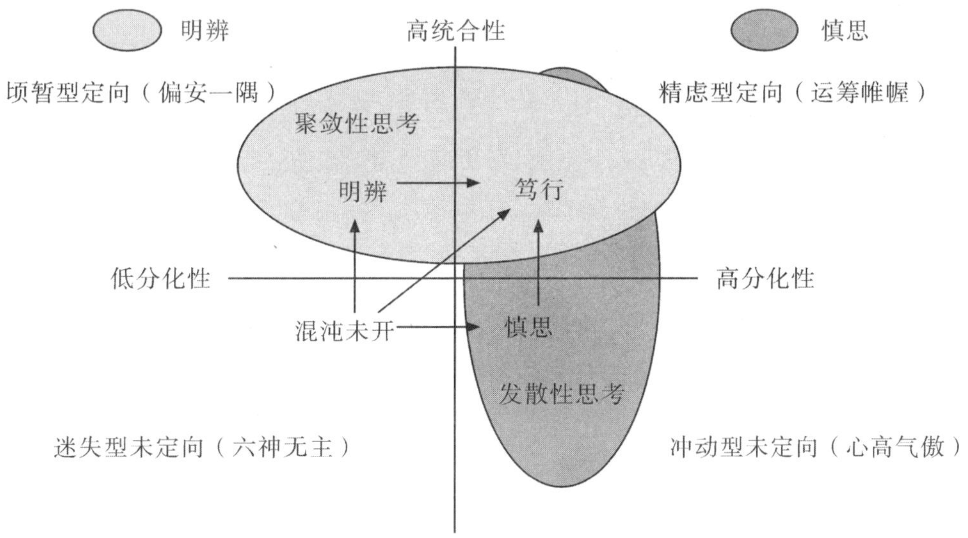

图 2－12　生涯建构系统的发展性架构

拓展阅读：世上无真相，所有的一切全是你自己建构出来的

灰姑娘的故事，大家再熟悉不过了。幼儿园或小学低年级时，老师都会讲给我们听，听了之后还会问我们，你最喜欢哪个人物？（毋庸置疑是灰姑娘）故事里谁最坏？（也没有任何悬念，当然是那个继母）

只是，这个故事，我们可不可以这样来解读？

1. 灰姑娘为什么在舞会上能引起王子的注意？因为她把自己打扮得很漂亮。所以，以后再跟男朋友见面时，一定要把自己收拾得干干净净、漂漂亮亮。

2. 如果继母没有让灰姑娘去参加舞会，灰姑娘还能遇到王子吗？当然不能。如果你是继母，你会让灰姑娘去参加这个舞会吗？肯定不会，因为她会抢了自己两个女儿的风头。这样看来，继母并没有坏到不可救药，只是她爱自己的女儿更多一些，对自己的女儿比对灰姑娘更好些。所以，在生活中，没有坏人，只有不够好的人。

3. 如果没有老鼠、仙女等的帮助，灰姑娘能到达舞会，并遇到王子吗？当然不能。所以，生活中，朋友的帮助是何等重要，要多结交些朋友。同时，不要只结交比你强的朋友，那些比你弱的人，同样能够在最关键的时候帮助你。

4. 如果灰姑娘自己不去，还会有后面美好的结局吗？肯定不会。所以，这样看来，即使全世界的人都对你不够好，你也要对自己好，也要为自己多争取些机会。

你是观念的创造者，所以你也可以不创造它们，或者创造让自己幸福的观念。

来源：http://blog.sina.com.cn/s/blog_a1fd5d5c01011eic.html。

四、后现代主义思潮下的职业生涯

（一）不同生涯理论适用的人群不同

后现代主义思潮下的职业生涯发展指导思想逐渐发生了变革。生涯规划呈现出从传统的特质论转向多元理论的趋势，以及更多的人本关怀和自由主义的特点。因此，不同的生涯规划理论适用的人群也不同。其中，特质论主要面向中学生或职场新人，帮助他们发现特质，定位方向，探索生涯发展；生涯发展论主要适合中青年职场人士，帮助他们寻找工作、生活的平衡点，体会完整的人生；学习适应论主要针对大学生和职场新人，帮助他们适应职场，成功地与社会对接；建构论则主要对应成功人士和“00 后”，帮助他们实现有创造性的愿景，追寻人生的意义和价值。

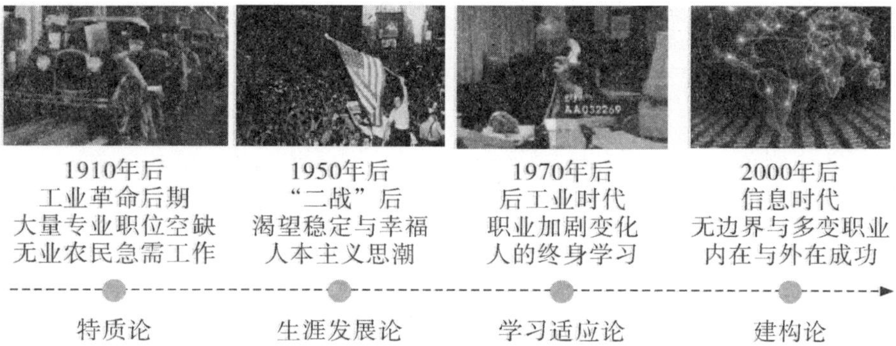

图 2－13　职业生涯理论发展简史及变化特点

来源：新精英生涯公司培训课件。

（二）新兴职业规划理念

在经济全球化背景下，行业更新换代，职业环境也产生了翻天覆地的变化，人们在传统职业规划的理念与新兴职业规划的理念也发生了较大的变化。表 2－4 将两者进行了比较。

表 2－4　传统职业规划理念与新兴职业规划理念的比较

传统职业规划的理念	新兴职业规划的理念
重视忠诚与工作任期： ● 接受工作稳定的职业生涯模式 ● 忠诚于公司，公司将以延长工作任期作为奖励 ● 经常需要个人为公司利益做出牺牲	重视承诺与绩效： ● 接受实现个人理想的职业生涯模式 ● 忠诚于增强信心的理想，人生的价值是做贡献和适应新的要求 ● 认为团队协作和彼此忠诚是重要的
成长： ● 成长就相当于晋升 ● 逐级晋升就等于成功	成长： ● 成长与个人发展、人生意义相关，尤其要扩大知识面，提高技能水平 ● 从事个人认为有意义的活动就等于成功

续表 2－4

传统职业规划的理念	新兴职业规划的理念
员工发展： ● 组织重视员工发展 ● 个人重视组织所提供的职业生涯道路并通过获得组织认为重要的技能寻求保障 ● 组织对员工的职业发展负责	个人发展： ● 组织重视个人发展 ● 最成功的工作环境会鼓励员工不断学习和进步 ● 个人对自己的职业发展负责
绩效： ● 个人保障与受雇时间长短有关 ● 个人应该在同一家单位长久供职	暂时性： ● 个人保障与个人能力和适应性挂钩 ● 个人可能不在同一家公司长久供职
组织模式： ● 组织相当于一个小家庭："妈妈和爸爸"（高级管理人员）会照顾我们	组织模式： ● 组织相当于一个大家庭：重要的是伙伴关系和关系网络，服务是共享的
组织体制： ● 以职位等级为基础，由具体的工作组成	个人发展： ● 以要做的工作为基础，由合同、联盟和网络组成

来源：马力．职业发展研究——构筑个人和组织双赢模式．厦门大学2004年博士学位论文．（有增删）

由此可见，新兴的职业规划理念中，个人的职业生涯将跨越组织和职业本身的界限，情况更复杂，员工对组织的忠诚会减少，组织对个人的需求也更具有柔性。个人需求的实现将不会限定在组织的环境之内，个人从组织中获得的将是学习的机会和增长的能力。组织处于一个两难的境地，一方面，必须促进组织内的个人学习才能保留人才；另一方面，学习又将促使个人对新目标的追求，甚至跨越组织，使组织的人力资源投资得不到回报。组织通过不断的学习和个人的绩效来适应变化的市场和技术，个人则通过在无边界的环境下不断学习使自己适应高速变化的就业环境，实现自身理想。

（三）客观的成功标准转变为主观职业生涯成功

传统的职业成功是一种客观职业生涯成功，员工在组织中的职业发展是否成功是由外在的和客观的标准，如收入水平、晋升水平等来衡量的。在职业生涯管理实践中，强调组织对个体进行职业生涯管理，美国在20世纪90年代中期以来的职业生涯管理的实践就是以这种方式进行的，其最大特点是对员工的职业生涯发展路径进行识别，同时追踪员工的职业生涯发展方向。可见，传统的职业生涯管理是一种以组织管理为主而忽视个体自我管理的职业生涯管理方式。

由于后现代主义的相对化、多元化、后结构主义和差异化等特征，单一路径而有边界的职业生涯转变为无边界职业生涯。因此，后现代的职业生涯观更多地突出“千变万化”的职业类型，即无边界职业生涯，强调个人的价值观指导职业生涯的发展，个人的选择、自我实现和心理（内在）成功，优先于组织职业生涯，这就是主观职业生涯成功。

总而言之，在后现代职业生涯规划理论的影响下，职业生涯规划与管理已不再是让个体制订一纸规划，并为之努力拼搏，而是培养个人开发和管理职业生涯的能力，使每个人都具备管理自身职业生涯的能力，如探索自我的能力、了解环境的能力、分析信息的能力、有效决策的能力、管理目标的能力、修正方向的能力、管理自我的能力、角色平衡的能力等，力求使每一个选择、发展都能够自主、自度。因此，当代大学生应把握三个原则：第一，只做中短期的计划，并快速地适应社会，做出调整；第二，养成终身学习的习惯；第三，不要一开始就限制了自己的选择，重要的是能够在漫长的职业生涯中把握机会，有效选择。

思考与练习

1. 生涯幻游

请其他人为你阅读引导词，阅读时必须缓慢和放松，最好放上轻柔的背景音乐，在标注“停顿”的地方要有停顿。这有点像催眠游戏，你需要做的是幻想，不用说话，在心里记下自己的幻游经历。

●好，现在请你尽可能放松，在你的位置躺下或调整你觉得最舒服的姿势。

现在闭上眼睛：尽可能放松自己（停顿）。

调整你的呼吸：呼气（停顿）、吸气（停顿）、呼气（停顿）、吸气（停顿）。

好，保持这样平稳的呼吸。

接下来，放松身体每一部分肌肉：放松（停顿）、放松（停顿）、放松（停顿）。

想象现在你已经乘坐上时空穿梭机，目的地是五年后的某一天。

●想象你正好清晨刚醒来（停顿）。

是睡到自然醒还是被闹钟吵醒的？

现在是几点钟？你在哪？

观察一下四周是什么样子的（停顿）。

你看到了什么？闻到了什么？听到了什么？

起床后的第一件事情做什么？（停顿）

洗漱完，你考虑要穿什么衣服去上班，想象你正站在镜子前面装扮自己。

你最后决定穿什么衣服？（停顿）

当你想到今天的工作时你的感觉怎样？是平静、激动、厌倦还是害怕？（停顿）

你现在正在吃早饭，有人和你一起吃吗？还是你一个人吃？（停顿）

现在你准备去上班，出门后回头看看你住的房子，它是什么样子的。（停顿）

●好，现在出发。

你用什么交通工具去单位？

有人和你一起吗？如果有的话，是谁呢？

当你走时注意周围的一切。（停顿）

单位离家有多远？（停顿）

到达单位了，

想象一下单位是什么样子的，它在哪里？看起来怎么样？（停顿）

现在你走进工作的地方，

那儿都有些什么人？多少人跟你一起工作？他们在做什么？

单位的人都是怎么称呼你的？（停顿）

你的办公室是什么样子的？

接下来你要做什么？（停顿）

想象一下你上午的工作都做了些什么？

你是用你的思想在工作还是做一些简单的事务性工作？

你主要是跟别人一起工作，还是独自工作？

你是在户外工作还是在室内工作？（停顿）

●现在上午的工作结束了，你该吃午饭了。

你去哪里吃饭？跟谁一起吃饭？你们谈些什么？（停顿）

●现在回到工作中来。

下午的工作与上午的工作有什么不同吗？（停顿）

你一天的工作结束了，这一天让你感到满足还是沮丧？为什么？（停顿）

今天你还想去别的地方吗？（停顿）

在这一天当中，你还想做的是什么？（停顿）

●现在，你回到家里。

有人欢迎你吗？（停顿）

回家的感觉怎样？（停顿）

你如何与家人分享这一天所做的事？（停顿）

●你准备去睡觉了。

回想这一天，你感觉如何？（停顿）

你希望明天也是如此吗？（停顿）

你对这种生活感觉究竟如何？（停顿）

●过一会儿，我将要求你回到现在。好了，你回来了……看看周围的一切，欢迎你旅游归来。

2. 绘制自己的生涯彩虹图

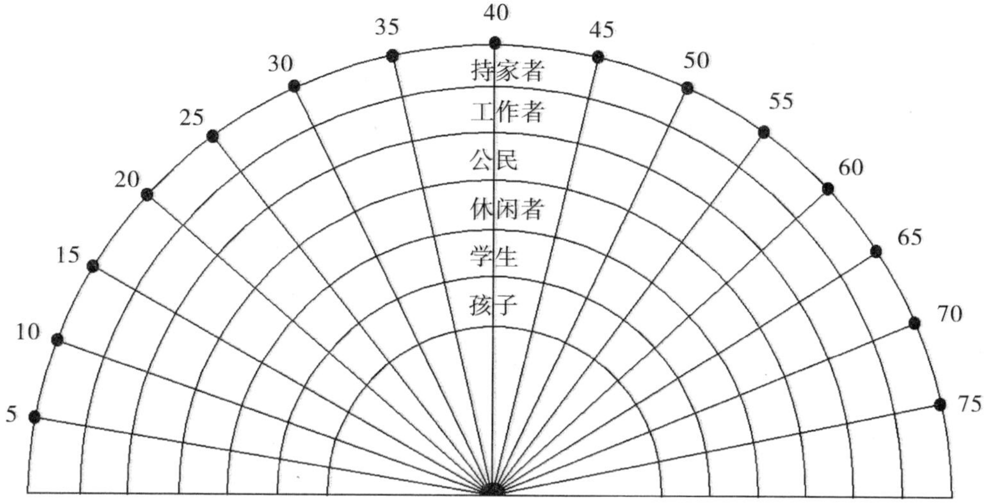

生涯彩虹图

推荐阅读

1. Reardon，等．职业生涯发展与规划．侯志瑾，五新春，等译．高等教育出版社．
2. 金树人．生涯咨询与辅导．高等教育出版社．
3. 鲍利斯，等．你的降落伞是什么颜色（学生版）．柏静静，译．中信出版社．

第三章　自我探索

忠实于自己，追随于自己，昼夜不舍。——莎士比亚

案例：学子心声

学子心声一："我是被调剂到这个专业的，曾经也努力地投入过。可现在越学越没兴趣，对未来十分迷茫，不知道自己以后可以做什么……"

学子心声二："家人朋友都说女生学师范好，我觉得他们说的也有道理，可我一上讲台就嗓子干涩、语无伦次，眼睛和手脚也不知道往哪儿放，这该怎么办啊?"

学子心声三："我想在珠江三角洲地区找个公办学校当老师，可现在用人单位要求越来越高、机会越来越少，怎么办?"

学子心声四："为什么我总是在面试时被淘汰?"

学子心声五："我面试了不少的企业，表现还不错，手头现在拿到了好几个'offer'，可不知道自己该如何选择。"

学子心声六："我经过大学几年时间的积累，有了些资源，现在想自主创业，家人却希望我从事一份体面、稳定的职业，我该怎么办?"

你是否也曾经遇到或者听到与上面类似的问题？究竟问题根源在哪儿，我们该怎么办？曾几何时，职业对于我们父辈中的许多人而言，就是一份借以谋生的工作，他们一辈子可能只从事一份职业甚至一辈子都在同一个岗位。但在科技日新月异、社会迅速变革的今天，信息化、全球化、多元化和开放化的时代特点对人类生活的各个领域都产生了深远影响，外在职业环境的变化使得从一而终、单一纯粹的职业生涯逐渐退出历史舞台，淡出人们的视野。每个职场中人的职业生涯都掌握在自己手里，同时也受着职业大环境的无形之手的操控，永远都不知道下一个职业生涯的拐点会在何时出现。认识自我，完善自我，以不变应万变，将能让你更加从容自若地面对这些改变。

第一节　自我探索概论

我是谁？人类对于这个问题答案的追寻从未停止过。我来干什么？我从哪里来，要到哪里去？从开始到现在，这一直是哲学、心理学、生物学等学科的热门研究话题。

一、“自我”概念解析

自我认识是自我意识的首要成分，也是自我调节控制的心理基础，它又包括自我感觉、自我概念、自我观察、自我分析和自我评价。自我分析是在自我观察的基础上对自身状况的反思，是对自己及自己与周围环境关系的认识，包括对自己存在的认识，对个体身体、心理、社会特征等方面的认识。这种认识是个体通过观察、分析外部活动及情景、社会比较等途径获得的，是一个多维度、多层次的心理系统。

简而言之，自我认识就是指人对自己及其与外界关系的认识，也是认识自己和对待自己的统一。自我评价是对自己能力、品德、行为等方面社会价值的评估，它最能代表一个人自我认识的水平。

自我探索需要付出努力，“如果你不努力去创造你想要的，那就只好付出同样的努力去应付你被给予的”。虽然探索的过程并不容易，但作家爱默生曾说：“无论是前面的路还是过去的事，与我们内心的事相比，都是琐事。”

拓展阅读：“斯芬克斯”之谜

斯芬克斯是传说中的一个奇特的生物——“狮身人面”。在古希腊的神话传说中，她作为神的使者，带着神对人的忠告——“人，认识你自己”，从奥林匹斯山来到人间，并把那句箴言化作了一段“谜语”，来盘问她所遇到的所有人。每个路过的人都必须回答。凡猜不中的，都会为此丧生，被斯芬克斯毫不留情地吃掉。

“什么东西是早晨用四条腿走路，中午用两条腿走路，晚上用三条腿走路?”

谜底是“人”。回想我们的生命之初，每个人生下来都是白纸一张，却已然具有了天赋的生存本能。从嗷嗷待哺、无法控制自己的身体、几乎所有活动都必须依赖成人来实现，到逐渐学会自主抬头、自上而下由大到小地发展肢体动作，每一次的小小进步都包含了无数次的努力与实践。从小婴儿用“四条腿”在地上爬，到慢慢能够起来用“两条腿”行走，再到老年因为体力不支需要借助拐杖来走路，又变成“三条腿”。这就是“斯芬克斯”之谜的答案。

来源：http://baike.baidu.com/subview/96921/5095134.htm?fr=aladdin。

大多数人很多时候是很难看清自己的。即便板桥先生留下千古佳句“难得糊涂”，可这“糊里糊涂”却至多只能让我们少些痛苦，而并不能真正从源头上给人带来快乐。渴望了解自我、发展自我是人身心发展到一定程度之后自然萌生出的内在需求。只有充分全面地了解自我，明确内在的真正需求与愿望，才能帮助我们更好地在现实当中找到方向，领略生活的真谛，彻悟生命的意义。

二、自我认识的理论意义

在心理学中，自我概念是由詹姆斯（William James）在1890年引入的。从那时起，心理学对自我概念的研究就经久不衰。在心理学中，自我又称自我意识或自我概念，是指个体对其存在状态的认知，包括对自己的身心状况，以及自己与别人和周围世界关系的认识。心理学家罗杰斯（C. Rogers）认为：“自我意识是人格形成、发展和改变的基础，是人格能否正常发展的重要标志。”自我意识比真实自我（即客观存在的自我）对个体的行为及人格有更为重要的作用，因为它是个体自我知觉的体系与认识自己的方式。

为了建立稳固的“自我认定”，必须要不断探索两方面重要问题——“我是谁”，“我在哪里”。因此，正确地认识自我，是发展健全人格的需要（见图3－1）。

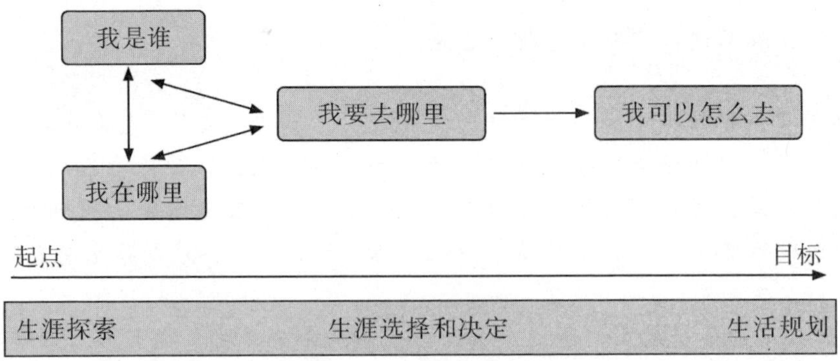

图3－1　职业生涯四问

三、自我探索的发展意义

舒伯认为人在职业上的发展是与其自身生涯、心理成长同步的。职业生涯发展与人的自我意识有着密切的关系，在发展的过程中不断地重新审视自己，进行自我探索是现实需要。

职业生涯规划（谢珊，2012）是指个人结合自身情况以及目前的机遇和制约因素，为自己确立职业目标，选择职业道路，确定教育、培训和发展计划等，并为自己实现职业生涯目标而确定行动方向、行动时间和行动方案。职业生涯规划根据这一定义，可以用一个公式表示：职业生涯规划 = 知己 + 知彼 + 决策。进行科学、全面、客观的自我探索，做到知己，是职业生涯规划的起点，进行职业内在自我探索是使自我实现成为可能的基本前提。

自我认识因素包括的内容很多，如健康状况、社会背景情况、人格、兴趣、能力、价值观等。但在人一生的职业生涯发展中，对自我的认识主要回答以下四个问题：

（1）“我适合做什么”，即对自我人格的认知，分析自己的气质与性格，做到“人职匹配”。

（2）“我喜欢什么”，即找到自身职业兴奋点在哪，明确自己的职业兴趣。

（3）“我能做什么”，即对自我能力的认知，分析自己具备的经验、知识、技能和各种能力、才干。

（4）“我需要什么”，即澄清什么对自己是重要的，也就是确定自己的职业价值观。

在有了这些认识的基础上结合对当前职业发展机会的评估，即可以做出有效的职业决策与规划。可见，自我认知因素中兴趣、价值观、能力和人格，是对职业生涯决策和规划影响较大的四个因素。

每个人都有着截然不同的个性、能力、兴趣以及价值观，同时每个人都可以胜任若干种不同的职业。每个人的职业兴趣、职业技能、职业内在自我认知以及外围的生活环境、职场环境，都会随着时间的流逝与个人的成长而发生变化。因此，伴随环境变化的职业内在自我探索，是一个永恒而持久的命题。发现职业生涯选择中更合适选项的最好方式，就是真诚地审视自己。

四、自我探索的方法

职业内在自我探索除了我们每个人基于生活经验和常识的感性体验之外，还有许多方式方法能够运用和借鉴。

1. 职业测评法

职业测评是心理测验的一个分支。科学的职业测评以特定的理论为基础，经过高度标准化、合理化地设计问卷、抽样、统计分析、建立常模等程序编制而成，具有高度的信度和效度。借此可以十分便利地帮助个体了解职业性格、职业兴趣、职业技能和职业价值观等要素。

知识卡片：职业测评注意事项

做职业测评时需保证在有完整的时间段且情绪平和的状态下进行，对测评的答案以第一感觉为主。认认真真做测评，平平淡淡看结果。职业测评只是帮助探索自我的工具，若对测评有疑问可与学校的职业咨询老师或课程教师面谈、分析。

2. 橱窗分析法

这是一种借助直角坐标系的不同象限来展示人的不同“自我”的分析方法，以别人了解的程度作为横坐标，自己了解的程度作为纵坐标（见图3－2）。

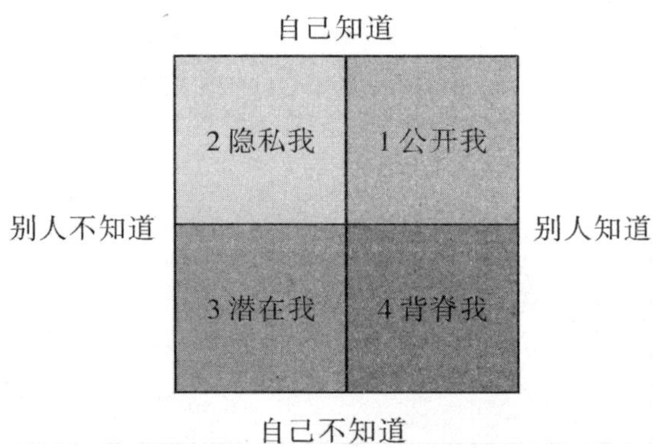

图3－2　橱窗分析法模型

四个象限的含义分别是：

（1）公开我——自己知道，别人也知道的信息。如性别、身高、相貌、体重、籍贯，等等。

（2）隐私我——自己知道，别人不知道的信息。如一些童年趣事、陈年往事、身心上的隐疾等，别人无从知道，或自己不愿让别人知道。

（3）潜在我——自己不知道，别人也不知道的信息。如从来没试过蹦极、滑雪等极限运动，不知道原来自己很喜欢惊险、刺激和冒险。

（4）背脊我——自己不知道，别人知道的信息。如每个人在紧张时都可能有一些自己从未觉察过的习惯性动作或口头禅。除非别人告知，否则自己是从来都无意识的。

3. 自我反思法

通过对自己的经历进行反思和回顾，发现自我的性格、兴趣、价值观、能力。例如通过成长中的事件，找到做哪些事情会让自己快乐、哪些事情做起来会有困难、哪些事情是自己比较抗拒的等等。常用的一个方式是画生命线。

【课堂活动】画出自己的生命线

把一张A4纸横放，靠近左边，画一条竖的坐标轴，代表情感起伏。在它中间向右，画一条横的坐标轴，代表你的年龄。在两条坐标轴的交叉点写上0，代表你的出生和正、负情感的分界点。竖轴越往上，表示越高兴愉悦的情感，反之，越往下，表示越伤心郁结的情感。在横坐标的右边选择一个点代表你现在的年龄，然后回顾过去的重要成长事件，按照你的年龄和情感（以自己真实的内心感受为准）化成坐标上的一个点，一件事情为一个点。把它们按照顺序连成曲线，这就是你的生命线。画完以后，请思考：（1）你的生命线在横轴以上的部分多还是以下的部分多？（2）这些点有没有什么共同的特点？如果是正面情感的话，是什么让你快乐；负面情感的话，又是什么让你忧伤？

请在下列线的上方标出那些对你的今天有积极影响的事件（包括你自己的先天素质、他人的称赞、你的成功或骄傲、榜样对你的影响等），纵坐标代表影响的程度。在线的下方标出那些对你的今天有消极影响的事件（包括你自己的先天素质、他人的批评、你的失败、榜样对你的影响等），纵坐标代表影响的程度。

第二节　个人特质探索

个人特质是指一个人相对稳定的思想和情绪方式，是其内部的和外部的可以测量的特质。我们把一个人在不同的情境下均表现出的一些特点，称为个人特质，如害羞、进取、顺从、懒惰、忠诚、畏缩等。这些特质越稳定，在不同的情境下出现的频率越高，越有利于描述和预测个体的行为。

在职业生涯规划语境下，个人特质包括职业性格、职业兴趣、职业技能和职业价值观四个方面。

一、职业性格探索

（一）发现你的职业性格

性格是一个人对现实稳定的态度和习惯化的行为方式上表现出来的人格特征。一般地，内向的人有耐心、谨慎，适合做类似研究的工作；外向的人爱好交际，善于活跃气氛，适合做与人交往的工作。对自身人格特点清晰认知是自我认知因素里最具有挑战性的。不同的职业需要不同的职业性格，如医生需要有高度的责任感、一丝不苟、精益求精的态度，是严谨型性格占主导；工程技术人员需要具有刻苦钻研和不断创新的品质，是独立型性格占主导；等等。了解自己的性格特点，有助于更好地找到适合自己人格的工作环境。

（二）MBTI

MBTI 全称迈尔斯—布里格个性类型测量表（Myers-Briggs Type Indicator），是一种迫选型、自我报告式的性格评估工具，用以衡量和描述人们在获取信息、作出决策、对待生活等方面的心理活动规律和性格类型。它以瑞士心理学家荣格的性格理论为基础，由美国的凯恩琳·布里格斯和她的女儿伊莎贝尔·布里格斯·迈尔斯共同研制开发。MBTI 是目前世界上应用最广泛的性格分析工具，已被翻译成三十多种文字。

MBTI 从纷繁复杂的个性特征中，归纳提炼出 4 个关键要素——动力、信息收集、决策方式、生活方式，并对其进行分析判断，从而把不同个性的人区别开来。MBTI 人格分类模型和理论的意义在于“解释人与人之间的差异现象”以及优化决策，对决策流程“进行理性的干预”。

MBTI 人格共有四个维度，每个维度有两个方向，共计八个方面。四个维度上特定偏好的组合就构成一种特定的性格——16 种性格类型。

（1）态度倾向（外向/内向）：你如何表达自己？外向（E）　内向（I）

（2）接受信息（感觉/直觉）：你的信息从哪里来？感觉（S）　直觉（N）

（3）处理信息（思维/情感）：你的决定如何取舍？思维（T）　情感（F）

（4）行动方式（判断/知觉）：你的生活方式是什么？判断（J）　知觉（P）

通过测试个体的性格类型，可以大致判断出个体所适合的职业领域（测试链接：http://www.apesk.com/mbti/dati.asp）。相应代码解读见表 3－1。

表 3－1　MBTI 相应代码解读

外向型（E）	内向型（I）
与他人在一起时感到兴奋	独自一人时感到兴奋
希望成为注意的焦点	避免成为注意的焦点
先行动，再思考	先思考，再行动
喜欢边想边说出声	在脑中思考
愿意与他人分享个人信息	注重隐私，只与少数人分享个人信息
说的比听的多	听的比说的多，敏感
热情的交流	不把热情表现出来
交往圈子大	与个人交往深
反应迅速，喜欢快节奏	思考后再反应，喜欢慢节奏
感觉型（S）	直觉型（N）
关注事物的物理特征，精确的信息	关注抽象内涵和联系
看到、听到、闻到	关注第六感，相信灵感和推理
喜欢运用和琢磨已有的技能	喜欢学习新技能，掌握后就容易厌倦
留心特殊的、具体的细节	着眼宏观规律
循序渐进地给出信息	跳跃式地给出信息
做事有可能的结果、能忍耐、小心	凭爱好做事，对事情的态度易变
可做重复工作（不喜新）、不喜展望	提新见解、匆促结论
享受现在	着眼未来

续表 3－1

思维型（T）	情感型（F）
客观地分析问题	主观，关心行动给他人带来的影响
崇尚逻辑和公平，有统一标准	注重感情和睦，看到规则的例外
有吹毛求疵的倾向	自然地让别人快乐，易于理解别人
可能被视为无情、麻木、漠不关心	可能被视为感情化、无逻辑、脆弱
认为只有符合逻辑的感情才是正确的	认为所有感情都是正确的，无论有意义与否
直率、严厉，规则，少感情用事	和谐、宽容不伤害他人感情
法重于情	情重于法
受获得成就欲望的驱使	受到被他人理解的驱使
判断型（J）	知觉型（P）
做完决定后感到快乐	保留选择的余地，到最后一刻才做决定
具有“工作原则”，先工作再玩	具有“玩的原则”，先玩再工作
确定目标并按时完成任务	有新的情况便改变目标
关心结果	关心过程
有计划，有时间期限	随意，时间是活的
通过完成任务获得满足	通过着手新事物而获得满足
不善适应	优柔寡断、易分散注意
可能变得顽固、独断和不知变通	可能变得拖拖拉拉，把一切都拖延过去

MBTI 核心规则可以浓缩成以下三个方向：

（1）倾向不是能力（Type not trait）。MBTI 类型不显示能力的强度。问卷通过偏好来确定倾向而不是能力强度。

（2）自己的判断才是最符合的判断（Own best judge）。个人所认为的自己的类型往往最符合其自己的判断。MBTI 测试只是一种参考指标，个人还应结合自身的实际情况加以具体分析。

（3）类型无对错（No right or wrong）。不同偏好的人有着不同的天赋。

二、发现你的职业兴趣

兴趣是人认识某种事物或从事某种活动的心理倾向。兴趣有直接和间接之分，具体如图 3－3 所示。在工作过程中，作为正当兴趣两种都是必要的。如果缺乏直接兴趣，会使工作成为一种沉重的负担；如果没有间接兴趣，又会丧失工作的目标和恒心。

直接兴趣

●指对认识事物或从事活动本身有兴趣。

间接兴趣

●指对事物或活动本身虽没有兴趣，但对认识事物或从事活动的结果有兴趣。

图3-3　直接兴趣与间接兴趣

（一）职业兴趣

从事自己感兴趣的职业，是迈向成功职业生涯的重要保障。一个人对某种职业感到有兴趣，他在学习和工作中就能全神贯注、积极热情、富有创造性。人的职业兴趣并非与生俱来，而是以一定的知识为前提，在生活实践过程中逐渐发生和发展起来的。职业兴趣的发生和发展，一般要经历关注、偏好、投入三个过程。关注是兴趣发展的初级阶段，如果条件不具备，这种职业关注往往是短暂的。兴趣发展的第二阶段为偏好，它建立在关注的基础上，是兴趣的中级阶段，在这一阶段，人们的兴趣会向持久深入的方向发展。投入是兴趣的高级阶段。当一个人的偏好与理想、奋斗目标结合时，就会使自己的潜能得到充分调动，使自己的主动性得到最大限度的发挥。

（二）探索职业兴趣的方法

1. 兴趣岛

【课堂活动】兴趣岛练习

假想这样一个情境：你买彩票中到头彩，获得一次半年的海岛旅游机会，有六座风景旖旎、格局迥异的岛屿供你挑选，但你只有10秒钟的时间凭直觉来进行选择，你会选择去哪儿呢？

（1）最想去的岛屿：________

（2）除了以上这个以外，你最想去的岛屿：________

（3）除前两者外还有最想去的岛屿么？如果有，是哪一个？________

（4）所有岛屿之中，最不想去的岛屿：________

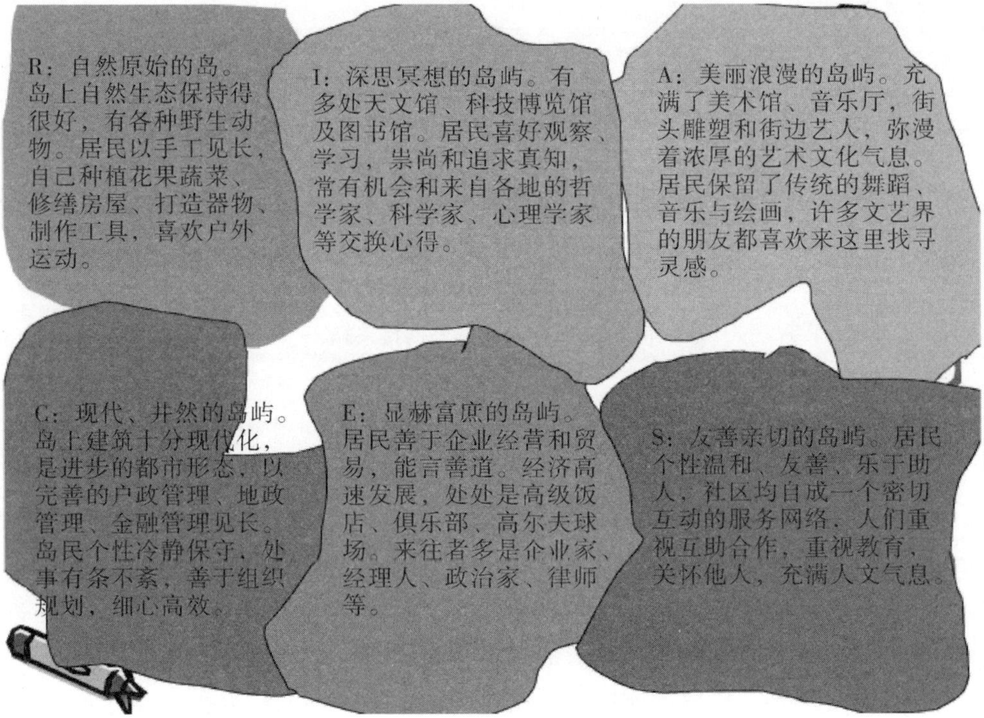

图3－4　兴趣岛

2. 照镜子

【课堂活动】 你眼中的我

请分别找五个最了解你的亲人和朋友，请他们对你给予中肯评价，帮你如实填写下面这张卡片，并将结果进行汇总。

姓名	你眼中的我				
	最突出的五个优点	对应支撑事实	最突出的五个缺点	对应支撑事实	备注

3. 职业梦想

【课堂活动】 写出你的职业梦想

在一张A4白纸上描出你的左手手掌，然后在五个手指上写下你从小到大的5个梦想去做的职业，由近及远。暂时不需要考虑专业、能力、就业市场等限制，只要是你的职业梦想，是你喜欢的就可以。

请你在下面写出自己的职业梦想，不少于5个，且越多越好。

（1）____________ （2）____________ （3）____________

（4）____________ （5）____________

请在以上这五种职业里寻找共同点，总结这类职业有何特征。

三、梳理你的职业技能

心理学中的能力是指人为顺利完成某种活动所必须具备的个性心理特征。在同等条件下，能力强的人要比能力弱的人更能使活动顺利进行，更容易取得成功。能力总是与活动紧密相连。一方面，个人的能力总是在活动中形成和发展，并在活动中得到体现；另一方面，从事某种活动又必须有一定的能力作为条件和保证。人若离开了活动，其能力不仅无法形成与发展，并将失去它存在的意义与作用。

（一）职业与能力

能力对职业生涯的重要性是不言而喻的。人们从事任何一种职业的前提是要具备一定的能力，能力是影响工作效果的基本因素。在进行职业选择时应该遵循以下原则：

（1）能力类型与职业需求相吻合原则。不同的职业对人的能力有不同的要求，不同的人能力结构和能力倾向也不相同，在进行职业生涯规划与职业选择时，应充分考虑个人的最佳能力或能力群，选择最能发挥和运用自身优势能力的职业。

（2）能力水平与职业层次相吻合原则。对于某种职业类型而言，由于工作方向、职责大小等不尽相同，同类型职业可以划分为不同的层次，不同层次对人的能力水平有不同的要求，在进行生涯规划与职业选择时，应充分考虑自己的能力水平。

（3）充分发挥能力倾向原则。能力倾向是指一个人的潜能，即其能力的发展前景及未来可能的潜在成就，包括身体条件、智能、性格、兴趣等是否适合于某个方面的职业领域。如果你能够在工作中用上你的技能，你将会有更多的发展机会。

（二）探索职业能力的方法

1. 我的成就事件

【课堂活动】回忆自己的成就事件

回忆自己有生以来曾取得过的自认为感觉很不错、给自己带来成就感的事情，并把它们逐条列出。内容要包括完成的事情、当时遇到的困难、大致的行动步骤和最终获得的结果。

注意：成就事件不见得一定得是大事件，也可以是一些微不足道的小事。评判标准并非世俗所公认的“成功”，而是个人内心的真实感受。

（1）____________________

（2）____________________

（3）____________________

（4）____________________

（5）____________________

（6）____________________

（7）____________________

（8）____________________

（9）____________________

（10）____________________

请将以上成就经历中体现出的技能进行总结，并填入下面的表格。

我做得很好	我可以做，但做得不是那么好
我只要努力，就可以做得好	不是我所擅长的能力

2. 总结某一专业所需要的职业能力

【课堂活动】思考兴趣职业所需的职业能力

每一种职业都有相关的专业知识和技能与之相对应。罗列几种你所感兴趣的职业，思考从事该职业所需要掌握的各方面能力及所要求的熟练程度。

职业名称	学习能力	语言能力	计算能力	空间能力	形态知觉	书写能力	运动协调	抽象思维
设计师	强	一般	强	强	强	一般	较弱	强

3. 探索职业潜能

【课堂活动】“你是一颗星星（Star）”

请思考一件最近发生的迎接困难和挑战的事件，再细细想一想以下几个问题：

（1）情境（situation）——当时面临什么困难？

（2）目标（target）——你的目标是什么？

（3）行动（action）——你做了什么？

（4）结果（result）——效果如何？

在此事件中，自己有哪些能力呢？请写出来，不限于5个，越多越好。

（1）__________　（2）__________　（3）__________

（4）__________　（5）__________

案例

小茹是法学院研三的学生，在过去两个多月找工作的过程中屡屡碰壁，为此她感到十分苦恼。一次偶然的机会，她得知学校就业指导中心有面向在校大学生的生涯规划咨询，于是预约了心仪的老师，希望自己的问题得到解答。

小茹带上了自己应聘“法务管理”的简历，希望能在咨询师的指导下分析未能获得面试机会的原因。咨询师经过分析，发现小茹在职业技能里列举了好多项目，比如证券从业资格证、人力资源管理师、心理咨询师、教师资格证……有些是明显和应聘岗位相关度不高的。小茹认为自己并不确定是否要做这个岗位。在咨询师的引导下，小茹经过思考，说出了自己真实的职业目标是做一名自由撰稿人。“可是家里父母觉得女孩子应该从事稳定的职业，比如教师、公务员等等。于是我考进了华南师范大学。但当时没能进到心仪的师范专业，家人朋友劝我以后当公务员也不错。现在做老师是没可能了，公务员努努力或许还可以吧。有些企业看起来也不错……”

【案例点评】显而易见，小茹固然缺乏一些求职技巧，不懂得有针对性地写简历，但她简历当中所反映出来的问题根源是她对职业自我认识的匮乏和对个人职业定位的模糊。

四、职业价值观探索

价值观是指个人对客观事物及对自己行为结果的意义、作用、效果和重要性的总体评价，是对什么是“重要的”、“值得的”的看法，是推动并指引一个人采取决定和行动的原则、标准。价值观决定、调节、制约个性倾向中低层次的需要、动机、愿望等，它是个性心理结构的核心因素之一。建立在需求基础上的价值观一旦确定便会影响和调节行动。各种事物在人们心目中存在主次之分，对这些事物的轻重和好坏排序则构成了一个人的价值观体系。

职业价值观是指个体希望在职业生涯中实现的价值观。职业价值观决定了人们的职业期望，影响着人们对职业方向和职业目标的选择。职业价值观分为内在的和外在的。内在的价值涉及一个人所做的工作以及如何作用于社会；外在的价值是指外在的一些因素，如薪酬、工作地点及环境等。职业价值观是职业生涯中最看重的部分。价值是相对的，例如，馒头对于饿的人来说，其价值就如雪中送炭般最能凸显，而对于一个刚饱腹的人而言，则只是锦上添花的东西而已。因此，价值观也没有对错之分。因此，工作好坏其实取决于个体内心的感受，一份工作能否与自身职业价值观相呼应会影响个人的工作满意度。

每个人在作出职业决策前都需要澄清自身的职业价值观，明确自我的职业价值观体系，常用的方法如下：

1. 价值观澄清

【课堂活动】 价值观澄清

(1) 请参照以下的价值观列表，选出6个对你而言最重要的价值，分别写在6张纸条上。如果你认为重要的价值观没有出现在列表中，可自行补充。

价值观列表

人际关系/归属感，团队合作，物质有保障/高收入，稳定，安全，创造性，多样性和变化性，新鲜感，乐趣，自由独立，被认可，受尊重，能帮助他人，能发挥自己的才干，成就感，成功，名誉，地位，声望，有意义，自我成长，有发展的机会，权力，影响力，有益于社会，挑战性，冒险性，竞争，符合自己的道德观，工作环境，工作地点，工作与生活的平衡，健康，家庭，朋友，亲情，亲密关系，爱，信仰，幸福，和谐，平等……

（2）给每一条你认为重要的价值观进行定义（即要达到怎样的水平才能让自己满意），并在纸上写下来。每个人对同一种价值的定义可能都不尽相同。比如对于“物质有保障”，有人觉得至少是月薪7000元以上，而有人觉得2000元包吃住就可以了。

（3）如果你必须放弃其中2个，你会放弃哪2个？

（4）如果在剩下的4个里，必须继续再放弃2个，你会放弃哪2个？

（5）现在只剩下2张纸条。如果这时只能保留1张，哪个是你无论如何也不愿放弃的？

（6）你的六个核心价值观及其定义（按重要程度排列）：

①______________________________

②______________________________

③______________________________

④______________________________

⑤______________________________

⑥______________________________

2. 价值观拍卖

【课堂活动】价值观拍卖

角色设定：拍卖师一名，竞拍者多名

拍卖规则：每个竞拍者手上有5000元，5000元代表着人一生的时间和精力。每件拍卖物品从底价起拍，每次加价以500元为单位。出价高者得到物品，出价最高达到5000元即成交。

底　价　表

（单位：元）

序号	拍卖项目	底价	序号	拍卖项目	底价
1	幸福美满的爱情	500	10	坚不可摧的友情	500
2	健康强健的体魄	500	11	倾倒众生的美貌	500
3	知书达礼	500	12	深厚的名望	500
4	免费环游世界一年	500	13	环球公益爱心大使	500
5	成为世上最强大国家的元首	500	14	拥有自己的图书馆	500
6	拥有聪明绝顶的智商	500	15	一辈子花不完的钱	500
7	合家安康	500	16	长命百岁	500
8	无忧无虑、幸福快乐	500	17	每天都能吃美食	500
9	永不失信	500	18	名牌大学毕业证	500

活动目的：激发学生思考自己的价值观念，学会抓住机会，不轻易放弃；帮助学生体验澄清自己的人生态度。

举行拍卖会：

（1）由主持人或学生主持拍卖。

（2）按游戏方式进行，直到所有的东西都拍卖完为止。

（3）请学生认真思考买回来的东西。

（4）讨论交流。

①你是否后悔买你买到的东西？为什么？

②在拍卖的过程中，你的心情如何？

③有没有同学什么都没有买？为什么不买？

④你是否后悔自己刚才争取的东西太少？

⑤争取过来的东西是不是你最想要的？

⑥钱是否一定会带来快乐？

⑦有没有一种东西比金钱更重要或比金钱带来更大的满足感呢？

⑧你是否甘愿为了金钱、名望而放弃一切呢？有没有比上面所说的这些更值得追寻的东西呢？

注意事项：拍卖过程中，要注意维持场面秩序；有的同学可能会重复使用自己手中的代币券，主持人应该注意提醒这些学生购买所付出的钱不能超过5000元。

每个人的性格都是一个长期稳定的、习惯性的思维方式和行为风格的外在呈现，是构成一个人的思想、情感及行为的特有整合模式，包含了一个人区别于他人的稳定而统一的心理品质。在职业生涯的话语体系下，不同性格的人演绎着不同的职业性格、兴趣、能力和价值观，从而在此基础上发展出截然不同的职业生涯路径与愿景。

案例

小木具有管理和法学的双学位背景，学业优异、工作能力突出，一直以来都是年级同学当中的佼佼者，在就业过程中尽管不乏曲折，但总体是倍受用人单位青睐的。人择良友而交，凤择良木而栖。为了选好毕业后的第一份工作，小木是慎之又慎。去企业还是去事业单位？去一线城市还是回二线城市发展？要竞争、挑战还是要安逸、平稳？思来想去，最终他综合了家人与朋友的意见，迎着众人炽烈而艳羡的目光，心情复杂地进入了一家政府机关的人事部门，并就此消失在同学们的视野当中。有人说他是高就了曲高和寡不亲民，也有人说他心高气远不与常人俱。

大家再一次见到小木是在毕业五周年的聚会上。比他的突然出现更令人惊讶的是，原来他在政府机关工作了几年之后，越来越觉得自己与周围环境格格不入，痛苦挣扎，不愿将有限的青春耗在无限的办公室政治和各类琐碎的公文公务上，人也慢慢消沉起来。最终在一年前力排众议，辞掉了公务员工作，和几个志同道合的伙伴一起，合作运营着一家以维护农村留守儿童合法权益为主旨的非营利性 NGO。创业的艰辛都写在了疲惫的面容和银色的发梢上，才毕业五年，岁月待他并不宽容，可他的眉宇之间却始终勃发着生气，时刻感染着身边的每一个人。当大家好奇地问他为何能够以放弃待遇优厚、前程远大的公务员工作时，他说："我只是遵从了内心的感召，做我真正想做的事。希望不给自己的青春留下遗憾！"

【案例点评】 驱使小木做第一份职业选择的主要是外界客观因素和条件，彼时他并不知道自己想要什么，人云亦云。然而在工作了几年之后，依次经历了职业的适应期、过渡期、瓶颈期，他逐渐沉淀出思绪，清楚地知道了自己内在的核心职业兴趣、职业能力和职业价值观，最终推动他迈向了改变。

思考与练习

1. 自我盾牌

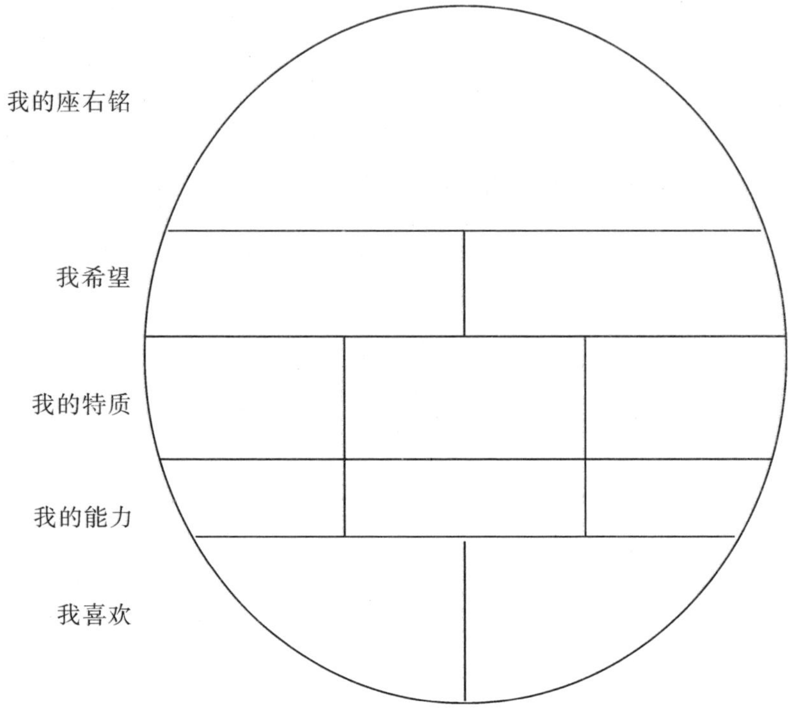

2. 职业兴趣、职业能力和职业价值观彼此之间是怎样互相产生影响的?

3. 生命守护神

活动目的：借游戏发现自己和他人不为人知的潜在一面。

活动规则：

(1) 6～8 人 一组，围坐成一圈。

(2) 每人在一张统一规格的卡纸上依次写下如下三个问题的答案：

①假如你是一种动物，你希望自己是________。

②假如你是一种植物，你希望自己是________。

③假如你是一种建筑，你希望自己是________。

(3) 写好后将卡纸折起来（匿名），扔到圈的中央，尔后每人随机抽取一张。

(4) 任选一人作为带头人，念出自己手中卡纸上的答案，然后众人根据所获取的信息，猜测谁是写卡纸的人；照此以顺时针为序，每人依次重复如上环节；如有人恰好抽中自己的卡纸，也请不动声色地念出。

（5）猜测结果正确率最高的人胜出，教师点评。

4. 死里逃生

活动目的：学会全面客观地看待自己、接纳自己，意识到自己的重要性。

活动规则：

（1）6～8 人一组，围坐成一圈，教室熄灯。

（2）教师在全黑环境中介绍游戏背景：几个伙伴一起结伴登山，偶然进入一洞穴时突发山体塌方，堵住了洞口（最好有能营造氛围的背景配音，增加真实感）。

（3）塌方仍在时断时续，情况非常危急，洞口越来越小，仅能勉强容纳一人爬出。这时需要集体作出决策：尽快派出一名代表爬出洞口，求得生机。

（4）每组任选一人为带头人，以顺时针为序，每人依次向众人简要阐述理由，以说服大家投自己一票，让自己成为可以出洞的那个代表。阐述完毕后，众人投票。

（5）亮灯，组内分享活动心得，教师点评。

推荐阅读

1. 大卫·凯尔西．请理解我．中国城市出版社．
2. 杜耿．重塑职业生涯规划：个性、生活与职业．人民邮政出版社．
3. 霍兰德类型测试：http://career.scnu.edu.cn/a-3-1293.html.
4. 霍兰德职业索引—职业兴趣代码与其相应的职业对照：http://career.scnu.edu.cn/a-3-1294.html.
5. MBTI 职业性格测试题——迈尔斯-布里格斯类型指标：http://career.scnu.edu.cn/a-3-1292.html.

推荐视频

1. 《我的青春我做主》
2. 《飞黄腾达》第二季第 1 集
3. 《我是谁》片段（成龙电影）
4. 《舞出我人生》片段（中央电视台大型舞蹈励志综艺节目）
5. 《神奇遥控器》片段（美国奇幻电影）
6. 《湛师不羁男遭炮轰》
7. 《I WAS HERE》
8. 只有拥有自我探索的人，才能征服未知［职业教育 TVC］http://v.youku.com/v_show/id_XNzMwMjg0MjI0.html

第四章　探索外部世界

“找工作的人”应该多读一些介绍各种职业的书刊杂志，通过这样长时期的阅读、调查和实际的经验，发现哪一类工作较适合自己，从而进一步做准备。

——帕森斯

职业生涯规划倡导个体了解自我和外部的环境。对于大学生来说，外部环境包括身处的大学和职业环境。而大学作为学习园地，将会伴随我们四年，甚至更多的时光。大学从何而来？大学的本质是什么？大学精神有哪些？……这些问题值得莘莘学子深思。

第一节　大学再认识

一、大学的本质

【课堂活动】阅读以下材料，并思考大学是什么。

刚入大学时，有一位学长告诉我：“大学四年可用鲁迅先生的四部作品来概括：大一《彷徨》，大二《呐喊》，大三《伤逝》，大四《朝花夕拾》。”

我愿闻其详，学长对曰：“彷徨”者，初入大学的学子们，对崭新的大学生活还处于适应阶段，故而彷徨也。大二则“呐喊”了。何也？一些学子从紧张压抑的高中生活中走了出来，经大学一年的彷徨观察，终于发现大学生活无比潇洒。没有了家长的管束，校园就像个自由自在的旅游营地，男生可以“无限制”地大过“网瘾”，女生可以随意地结伴逛街，甚至还可以时不时地逃课，在寝室里美美地睡大觉呢！无怪乎这些学子们自觉“太潇洒”了，忍不住学那喜欢

“长啸”的魏晋名士吼（呐喊）一嗓子了！当然，世界上没有免费的午餐，大二的“呐喊”换来的是大三的“伤逝”，伤时间之易逝，学业却荒废多多也！面临毕业后激烈的生存竞争，学子们终于醒悟而奋起了。大四的戏幕拉开了，“朝花夕拾”需要的却是更多的付出，熬夜多了，男生打哈欠，女生揉眼皮，只得冷水淋淋头。好在还能失之东隅，收之桑榆，大学四年毕，终成有用才，此朝花夕拾之功也，诚可叹！

闻此言，我不由警悟而自戒：大一莫彷徨，大二不呐喊，大三无伤逝，勤学不懈怠，大四成学士。默诵于心，熟记而实行之。

来源：http://blog.sina.com.cn/s/blog_4cbbb0cb010007s2.html。

【讨论话题】大学是什么？

你高考前憧憬的大学是什么样？关键词：________________

你入学后眼中的大学又是什么样？关键词：________________

毕业生们眼中的大学是什么样？关键词：________________

（一）大学的发展历程

1. 大学的起源

11 世纪，意大利、法国和英国某些学校的师生们为了保障自己的权利和法律保护，仿照手工艺人行会的方式，组成教师行会或学生行会：教师按所教的学科组成行会性质的“教授会”，学生按籍贯组成“同乡会”。这些学生团体和教师团体结合成的学习和研究的“组合”，正是大学的雏形。

“大学”是拉丁文“universitas”一词的译名，专指 12 世纪末在西欧出现的一种高等教育机构，这种机构形成了自己独有的特征，如组成了系和学院，开设了规定的课程，实施正式的考试，雇用了稳定的教学人员，颁发被社会认可的毕业文凭或学位等等。从这个意义上，可以说近现代大学直接起源于十二三世纪的欧洲中世纪大学。

大学的产生是社会发展的必然。大学是现代文明的产物，现代国家的发展与大学的成长息息相关，大学见证了人类文明的传承与进步。

2. 中国近现代大学

中国的近代高等教育是在西方列强的坚船利炮与满脸鄙夷中诞生的，始于洋务运动兴起后的西学渐入。19 世纪末 20 世纪初，在“教育救国”的共识下，退无可退的清廷痛定思痛，决定“双管齐下”：一方面，在国内引进西方大学制度创设一些新式学堂，如 1895 年创办的天津中西学堂，成为近代中国大学的肇始；另一方面，派遣大量年轻学子到日本留学，从 1896 年到 1905 年间，至少有 5 万人在日本接受了各式教育，寻求崛起之道。这一时期以京师大学堂、北洋大学堂、山西大学堂等为代表的一批近代大学开始建立。1895 年盛宣怀创办天津中西学堂，第二年更名为北洋大学堂，该学堂以“科教救国，实业兴邦”为宗旨，以培养高级人才为办学目标，是我国近代最早的一所工科大学，开启了中国大学教育的航程。1898 年，京师大学堂在戊戌变法中应运而生，成为中国近代第一所国立大学和综合大学，也为当时的最高学府。

1903 年，清政府颁布了《奏定学堂章程》，开始实施新学制，新学制从形式上看效仿日本。1912 年，京师大学改名为北京大学，1916 年，蔡元培担任北京大学校长，提出了“循思想自由原则、取兼容并包之义”。北京大学不仅是当时的国学中心，更是全国新文化运动的发祥地和马克思主义的中心。清华大学始于 1911 年庚款兴学而创立的清华学堂，1925 年设大学部，开始招收四年制大学生；1928 年组建为国立清华大学；1930 年前后，清华大学迅速发展成为全国最高水平的大学。与此同时，全国各地的大学也迅速组建和发展起来。

可见，中国近现代大学是在“教育救国”这一梦想中诞生发展的，如今的中国高等教育已经在走向发达的道路上。仅百余年里，中国大学经过的繁复变化如沧海桑田，无声地诉说着中国百余年来经历的无数磨难与曲折。

（二）大学的内涵

1. 何为大学

什么是大学，大学是什么，是古今中外教育家们议论的永恒话题，他们从不同视角对大学做出界定。德国思想家、学者和政治家，柏林大学创始人洪堡指出：“大学兼有双重任务，一是对科学的探求，一是个性与道德的修养。修养就是个人天赋完全的发展，各种潜能最圆满、最协调地发展，最终融合为一个整体。”中国教育家、革命家、政治家蔡元培提出：“大学为纯粹研究学问之机关，不可视为养成资格之所，亦不可视为贩卖知识之所。学生当有研究学问之兴趣，尤当养成学问家之人格。”“大学者，研究高深学问者也。大学者，囊括大典、网罗百家之学府者。大学的地位和声誉取决于学术和思想的创新。”美国高等教育思想家、实践家和劳动经济学家克拉克·科尔则认为：“大学是直接为社会服务的‘服务站’。”悉尼大学校长迈克尔·斯宾塞认为：“大学必须成为这样的一个圣地，在这里不仅可以获得信息，同时也可以学到最为核心的思考技能。”

可见，大学承担着文化传承、知识创新、人才培养、服务社会等多重职能。大学是实施高等教育的学校，包括综合性大学和专科院校。教育性、阶级性、产业性和行政性都是大学的重要属性，但是，必须明确，文化性或学术性是大学的本质属性，大学的本质是一种功能独特的文化机构和传承、研究、融合、创新高深学术的高等学府。两千多年来，大学从社会边缘的“象牙塔”到社会进步的“加速器”，从培养少数精英到高等教育大众化，从单一的教育机构到全面承担教育责任、学术责任、服务与引领社会责任，已成为人才养成的重要基地和人类社会的知识权威。

2. 大学精神

大学作为社会的精神文化中心，它的使命就是传播人类先进文明，传播人类的道义理想。大学之所以为大学，不仅在于它是一种客观事物的存在，更因为它是一种精神的存在。大学精神是大学办学过程中形成的具有特色的稳定的并为大学人所认同的理想、信念、价值观和行为准则，是高校办学特色的灵魂。英国哲学家、数学家怀海德提出：“在中学里，他伏案学习；在大学里，他应该站起来，四面瞭望。大学的任务在于把一个孩子的知识转变为一个成人的力量。”中国教育家梅贻琦认为：“所谓大学者，非谓有大楼之谓也，有大师之谓也。”其中“力量”和“大师”都是大学精神的象征与代表，可见“大学之大”在于学问之大，大师之多，境界之深。崇尚人文、注重理性、自由独立和追求卓越的大学精神，是大学区别于其他社会组织的特有的文化精神和价值信念体系；如果大学丧失了特有的文化精神和价值信念体系，它就不再是真正意义上的大学。因此，大学精神比任何排行都重要。

大学精神主要包括独立精神、自由精神、科学精神、人文精神、创新精神。不少知名大学将大学精神融入校训中，大学校训是大学精神的表征反映。如哈佛大学的校训是“以柏拉图为友，以亚里士多德为友，更要以真理为友”，耶鲁大学的校训是“真理和光明”，斯坦福大学的校训是“愿学术自由之风劲吹”；再如“思想自由、兼容并包”的北大精神，“自强不息，厚德载物”的清华精神等。大学具有独特的精神是让大学和其他不同的教育机构决然区别开来的根本原因。1892 年，马克·吐温到德国访问时，面对柏林大学教授、诺贝尔文学奖获得者蒙森，他这样写道：“这是一个人一生中难得几次的强烈震撼。我做梦都想不到他会出现在我眼前，一个在世界上投下巨大阴影的幽灵，不是现实人物。这种震撼只能以突然遭逢白朗峰来比拟，完全没料到自己就在白朗峰近邻的人，竟然看到那插天的高塔庄严地站在那里……”马克·吐温面对大师时的“强烈震撼”，恰是大学精神的体现。大学精神激励和鼓舞大学人去探索知识、追求真理，从而使得大学精神延绵不断，薪火相传，引导社会进步。

二、大学学习与职业发展

【课堂活动】阅读以下材料，思考大学的意义。

父女俩的博弈

在新生们忙着开始迎接大学生活时，拿到了成都某高校本科录取通知书的玲玲却在为上大学的事和父亲进行着一轮又一轮的谈判。玲玲说："我们家经济条件不错，不缺上大学的钱。"玲玲的父亲却固执地认为"读书无用"，他宁愿出钱资助玲玲做点小生意，也不愿"扔几万学费进去打水漂"。在父亲看来，读大学是"肯定会失败的投资"——大学四年学费加生活费要8万元左右，如果高中一毕业就打工，四年至少赚8万元，加上省下的8万元读书费用就是16万元。这16万元可以首付买房子，或开店做生意；拿去读大学，毕业后也许找不到工作，或者找到工作每个月工资才两三千元，又要四五年才赚回这16万元。父亲告诉玲玲："和高中毕业就去打工能赚到的工资几乎一样，读大学浪费钱还浪费四年的时间，不值！你现在就进入社会，开始打工，当个服务员，学习点别人的经营方式，锻炼几年后，我出资给你开个店，当个小老板，一样能赚钱。"

来源：中国青年网。

【讨论话题】我为什么上大学？

理由1	
理由2	
理由3	
理由4	
理由5	
理由6	
理由7	
理由8	
理由9	
理由10	

（一）大学的意义

录取通知书与毕业证书，构成了大学生涯的起点与终点。为什么要读大学？为了发展兴趣，为了一份好工作，为了一纸文凭，为了锻炼能力，还是“不知道”或是“家人的期待”？如果不清楚自己为什么上大学，就不知道自己要从大学得到什么。“让大学有价值”是自己的责任。如果一个人感觉“读大学没用”，很可能是因为自己没有主动去追求读大学的意义。思考读大学的价值与意义，将有助于我们更好地做好生涯规划，实现人生目标。

1. 大学提供了丰富的学习资源

大学毕业后，有些人只得到一张文凭，而有些人却收获颇丰。原因是多方面的，其中很重要的一条就是看我们是否充分利用了大学的资源。大学具有丰富的学习资源：既有学识渊博、敢于创新的师者，又有来自五湖四海、个性迥异的同学；既有传授前沿知识的第一课堂，又有鲜活生动的校内外实践活动；既有形式各异的讲座，又有藏书丰富的图书馆……运用大学丰富的资源，学会思考，学会独立，学会学习，练习与人相处的技巧，学会选择自己的人生，是人生一次专注学习的良好机会。

2. 大学提供了多样的成长平台

大学给予我们的不仅是一张文凭，更是一个取之不尽、用之不竭的广袤平台，一个不一样的人生。大学时期，我们开始离开父母独自生活，我们可以自主分配时间从而达到效率的最大化，可以修读感兴趣的各种课程，可以参加各种社团活动，也可以参与社会实践。有些人在大学期间侧重于科研，培养了良好的科研素养和创新精神，在毕业后继续深造；有些人在大学期间发现了自己的兴趣，以兴趣为导向推动自我的全面发展；有些人成为学生干部，通过组织、参与各类社团活动，练就了出色的组织能力、动手能力和团队合作意识……大学就像一个小社会，提供了多种不同的选择和平台，帮助丰富大学生的学识与品质，帮助大学生形成正确的人生观、价值观和世界观，从而为自我发展带来更多的可能性。

3. 大学提供了更高的发展起点

不少人将上学视为一种投资，将“上大学”与“好工作”、“高工资”画上等号，一旦这种投资没有达到预期回报，就会发出“大学无用”的悲观言论。大学并不是“职业培训班”，而是一个能让自己适应社会、做各种不同工作的平台和起点。在当今市场化经济条件下，新的社会环境要求求职者有更全面的知识和能力。大学教育帮助大学生获取系统的专业知识与技能、掌握获取运用和创新知识的能力、培养更好的个人素养和人际网络，相比于其他没有受过高等教育的劳动者而言，大学毕业生具备了从事起点更高的职业所要求的素质、能力与潜力，从而拥有更多选择的权利，选择有意义、有尊严、适合自己发展的职业，而不是被迫谋生。大学教育还会带给我们终身学习的能力、丰富我们的内心世界，使我们迅速适应工作的需要，从而为职场助力，求得个人素质的持续发展和完善。

4. 大学提供了重要的交际网络

卡耐基认为："一个人事业上的成功，只有15%是由于他的专业技术，另外的85%是靠人际关系、处事技巧。"在现实生活中确实如此，丰富的人际资源是职业发展的重要基石。人的一生中会结识很多人，同学、校友、师长在人的社会关系中占有很大的比例。在大学里，从同学到师长，从师弟师妹到师兄师姐，从社团干部到兼职同事，构成了庞大而又重要的交际网络，让大学生能不断接触优秀的人，甚至认识未来几十年最重要的朋友，也能学会如何与人交往、如何分辨哪些人自己一辈子也不会交往，建立和发展朋友圈与人脉。

（二）如何上大学

案例

学子心声一："我也不知道为什么……也许是因为我没有什么特长，过去几年没做过什么兼职，也不是学生干部。我只在学校里边有几个哥们儿，别的谁也不认识……虽然生活了四年，我觉得自己还是这个城市的匆匆过客。可我的成绩不算差啊，我也有6级证书，为什么那些老板不注意我？我不知道我到底怎么了。"

学子心声二："回首这四年，发现自己并没有什么一鸣惊人的事情，只是坚持做好每一件平凡的小事。从不担心自己的步伐太小，因为相信自己可以坚持笑到最后。大学，于我而言就是大大地学，各种经历也教会我，没有过不去的坎——只要勤奋学习，认真工作，热爱生活，那么想实现的愿望最后就都会实现。如我所愿，我找到了想要的工作，即将开始新的航程。"

这是两位大学生的毕业自述——相同的大学，不同的学生，却演绎着不同的大学故事。大学学习有着与中学不同的氛围，自由、无拘无束，抑或说是散漫，在这样一种环境中，大学要怎么度过呢，我究竟学到了什么，如何让大学过得充实而有意义，这些是每位大学生应该思考的问题。

1. 树立现代学习观

大学具有相对宽松和自由的学习氛围，学习几乎全凭自觉，有较多时间可以自由支配和利用。这很容易使学生放松对自己的严格要求和主动努力。很多新生以为进了大学就可以高枕无忧了，认为成绩只要及格就好，关键是要锻炼自己的实践能力，甚至“选修课必逃，必修课选逃”；也有不少大学生存在这样的疑惑：学习成绩和能力哪个更重要？其实，我们正处在一个信息爆炸、高速发展的大数据时代，任何知识和能力都在不断更新和进步中，要求我们以现代化、发展的眼光去看待学习。大学是人类开展高层次学习活动重要的地方，大学学的不仅仅是知识，更是科学，以及一种走进科学的方法，一种科研的态度。大学期间的主要任务仍然是学习，大学生应积极培养学习的自觉性和主动性，学习从全新的角度思考问题，建立终身学习观，学会如何学习，学会管理时间，学会获取信息，学会创新。学习成绩正是学习能力、学习态度和学业水平的重要体现。所以，大学里学习成绩和能力锻炼同等重要，缺了哪一样都不能成为一个社会需要的人才。

2. 培养规划意识

大学生在相对封闭的校园里进行学习和生活，很容易与社会脱节。相当一部分毕业生在毕业前夕仍缺乏对自我的正确认知、缺乏对社会职业的正确认识、缺乏规划和准备，以至于在大学生涯阶段、求职择业过程中处于盲目、被动的位置，甚至屡遭挫折、失去方向。“机会都是给有准备的人的”，大学生必须从入学开始就认真思考如何规划大学学习生活以及未来的职业发展：我是一个怎样的人？我处在怎样的环境中？我毕业后想干什么？我可以从事什么样的工作？我需要什么样的工作？什么样的工作适合我？……通过生涯规划，解决好职业生涯中的“定向、定点、定位、定心”，尽早确立职业目标，围绕职业目标提前开展职场演练，培养良好的职业精神，按照自己的目标和理想努力发展自己、完善自己。例如，你的职业目标是教师，则在大学期间要围绕“教师职业素养”进行专业知识和师范技能的储备、训练。

3. 提升综合素质

长期从事人力资源开发研究工作的业内人士表示：大学生除了要认真学好专业知识外，更要注重综合素质的培养，进一步完善人格。这其中最强调“做事要积极、认真、负责”。参加学生社团活动、社会兼职工作，或者到公司实习、协助老师完成项目，这些都是很好的锻炼自己的途径。大学生应尽可能全面提升自己，脚踏实地，肯学肯干，像提炼黄金一样来打造自己。要想将来在分工如此细致的社会中赢得自己的一席之地，必须把自己培养成社会所需的“一专多能”复合型人才。复合型人才是在各个方面都有一定能力，在某一个具体的方面出类拔萃的人。所以大学生首先要做的并不是抱怨自己的专业或环境，而是要扎扎实实地学好自己的专业知识，使自己先具有一技之长，再在此基础上充分利用课余时间参加适合自己的学生工作、社团活动、社会实践等，锻炼自己的口头表达、待人接物、组织策划、管理协调等方面的能力，全面提高自己的综合素质，这才是正确的选择。

4. 发掘个人潜能

不同的大学生，对大学生活的感受是不一样的。有些大学生并不喜欢自己的专业或者学校，有的当初“情非得已”，有的当初设想得太美好，发现事与愿违后产生了失落感甚至怨恨心理，也有些同学固守中学阶段的爱好或特长，未能或不敢在大学阶段尝试或挑战其他未曾涉及的领域。其实，在大学阶段，我们可以根据自己的兴趣爱好和实际需求，在积极参与、尝试、体验不同活动的过程中，不断发掘个人的潜能、发现新的兴趣点，不断丰富自我、发现自我。诺贝尔化学奖获得者托·瓦拉赫就是一个很好的例子。瓦拉赫曾先后选择“文学”和“油画”专业，但都被老师们认为是“不可造就之才”，而化学老师认为他做事一丝不苟，具备做好化学实验应有的品格，建议他试学化学，父母接受了化学老师的建议，于是瓦拉赫这个文学艺术的“不可造就之才”一下子变成了公认的化学方面的“前程远大的高材生”。大学为我们提供了尝试与实践的众多平台和资源，我们应当珍惜并善于利用。

知识卡片：社会实践的分类与要点

序号	实践内容	注意要点	可用时间	操作度	推荐级
1	校内活动	不单以兴趣决定参加与否	校方安排	1★	5★
2	校内实习	主动预习定目标并执行	校方、自己安排	1★	5★
3	家教	师道尊严，先成长自己才为范	课余时间	2★	2★
4	简单促销	以锻炼为底限，且学会保护自己	课余时间	2★	2★
5	建立网络个人空间	持续有效的内容发布与积累	课余时间	2★	5★
6	担任学生干部	重在敢于承担为同学服务的责任	学时、休息时	2★	4★
7	加入社团	积极主动参与	课余时间	2★	4★
8	关注社会培训	注意培训内容的实用性及档次	课余时间	3★	2★
9	主持成立社团	成立、运作、壮大统一考虑	课余时间	3★	3★
10	组织大型活动	接触与了解社会	根据项目来定	4★	3★
11	企业内挂职	注意企业对人才的需求	学习时间外	5★	5★
12	社会大赛的参加	不为名次，重在了解和认识社会	课余	5★	3★

注：操作度以1★代表易，5★代表难度。推荐级以1★代表必须参加，5★代表考虑参加。

来源：职商教练王兴权博客。

三、大学专业探索

【课堂活动】阅读以下材料，并思考专业究竟有多重要。

高校开学后，转专业成最热门话题。

2013 年春节后，武汉大学文学院某专业学生曾做过统计，有 40 多人申请转专业，约占当年文学院新生人数的 25%。2014 年春节后，30 多人申请转专业，约占新生人数的 20%。

2014 年 7 月，中南财经政法大学有学生因不满校方设置转专业门槛，把母校告上了法庭。据当时统计，该校那次共 789 名学生提出申请，其中超九成学生希望转到经管类专业就读，最后进入公示的仅 207 人。

湖北大学开学时，记者随机调查了 200 名大学新生，其中有 41 人不满意自己的专业，准备换专业。主要原因有“不感兴趣”、“不好就业”、“填志愿时了解不够”等。新生最想转的专业有金融、管理、会计等。

第三方调查机构麦可思对 4094 名大学新生入学后的适应情况进行了调查。结果显示，入学初期，本科新生对就读专业的满意度为 40%，有 60% 的本科新生对就读专业“很不满意”或“不满意”。

来源：武汉晚报。

【讨论话题】

你选择这个专业的原因是什么？（主动还是被动？）

你是否满意现在所读专业？原因是什么？

你的就业倾向是否与所读专业有关？

你是否考虑修读第二专业或转专业？

（一）专业探索的价值与方法

案例

华南师范大学学生杨倩（化名），在高考填志愿时选择了历史学作为第一志愿并被成功录取。但在入读一学期后，她从师兄师姐口中了解到历史学专业的毕业生就业状况不佳，大城市的历史老师这个岗位更是竞争激烈；与此同时，她了解到近年来地理老师很是抢手。出于就业的考虑，她想申请转专业。在申请过程中，她一直困惑，究竟是兴趣最重要还是就业最重要。家人都希望她能找到一所名校当一名中学老师，最终她在家人的劝说下选择了转专业。转到地理科学专业就读后，她才发现自己还是非常热爱历史学专业，始终提不起对地理专业的学习兴趣。但后悔也来不及了，大学没有第二次转专业的机会。在缺乏学习热情的情况下，杨倩的成绩一直处于中下水平。后来，经过与辅导员、专业老师的沟通，她重新调整并确立了奋斗方向，并在大四毕业时考取了某高校的历史地理学专业的硕士研究生，真正朝着自己感兴趣的领域继续前行。

大学所学专业，是大学生四年里投入最多时间精力的课题，学好本专业知识也是大学应有的题中之义。尽管超过一半的大学生毕业后所做的工作和所学的专业不完全相关，但专业学习培养的通识能力、技能迁移能力和其他基本素养，在很多岗位工作中仍然起着重要的作用。所以，如何利用自由充裕的大学时间进行专业学习，是否需要转专业、辅修其他专业等，就需要大学生认真思考了。利用三个月的时间给自己做一次专业探索，确定自己喜欢或可能喜欢的专业，真正有效地开展大学专业学习，不荒废大学时间，并有效地将所学专业与未来职业可能需要的能力和技能结合在一起，是专业探索的宗旨和初衷。

【案例点评】案例中的杨倩由于一开始并未深入、客观了解所学专业，一味以“就业”为导向，导致学习生涯屡遭挫折；经历了转专业、跨专业考研等曲折后，尽管在大学末期寻找到适合的职业方向，但却荒废了不少宝贵时光。因此，进行及时、深入的专业探索，尽早确定自己喜欢或可能喜欢的专业，才能真正有效地把握大学学习时光，并有效地将所学专业与未来职业可能需要的能力和技能结合在一起。

1. 专业与就业的关系

当今社会要求大学生具有基础较宽、弹性较强、便于同各种新知识相联结的知识结构，它包括丰富的综合基础知识、精深而系统的职业知识理论技能和以某个专业的最新研究动态为主的知识。不少学生在高考选报专业时都会从最终的就业出发去找，越是就业前景好、职业稳定的行业越是成为热门的专业。但是目前所谓“热门”、就业形势好的专业，只代表现阶段，而进入大学到大学毕业至少要四年时间，四年以后的形势谁能够预测和担保呢？因此，行业在社会中的冷热是和整个社会大环境息息相关的，其中既有行业本身发展状况的影响，也有国家政策和政治方面等因素的影响。如果只以就业好坏为标准来选专业，绝对不是一个明智之举。既然大学开设了某专业，就说明这个专业培养的人才是社会所需的。能不能顺利就业，能不能找到理想的工作，还得看考生自己在大学里的学习成长。自身的行业目标感和专业基础知识框架构建才是未来择业的主因。

2. 专业探索的价值

专业探索是澄清自己对专业的认识的过程，主要有以下四个价值：

（1）明确本专业自己是否喜欢和适合。在研究自己所学的专业时，要知道这个专业自己是否喜欢，是否适合。如果不喜欢可尝试旁听、辅修其他专业。胡适这样说道："大学生选择学科就是选择职业。我现在68岁了，我也不知道所学的是什么。希望各位不要学我这样老不成器的人。勿以七十二志愿中所填的一愿就定了终身，还没有的，就是大学二三年也还没定。各位在此完备的大学里，目前更有这么多好的教授人才来指导，趁此机会加以利用。社会上需要什么，不要管它，家里的爸爸、妈妈、哥哥、朋友等，要你做律师、做医生，你也不要管他们，不要听他们的话，只要跟着自己的兴趣走。想起当初我哥哥要我学开矿、造铁路，我也没听他的话，自己变来变去变成一个老不成器的人。后来我哥哥也没说什么。只管我自己，别人不要管他，依着'性之所近，力之所能'学下去，其未来对国家的贡献或许比现在盲目所选的或被动选择的学科大得多，将来前途也是无可限量的。"

（2）明确本专业毕业后的就业出路。学了四年的专业，最终目的是求职。故需要提前清楚自己的专业毕业后能做什么工作，如果这些工作都不是自己喜欢或适合的，那有必要调整现阶段的学习目标，考虑是否要转专业，或在学习本专业的闲暇学习其他技能，以满足日后职业需要。

（3）明确如何有效学习专业。找到了自己喜欢或者可能喜欢的专业后，接下来就要去努力学习了，但每个专业的学习思路和学习资源是不一样的，所以在经过专业探索后就会明确如何学习一个专业了。

（4）明确专业和要做职业间的差距。专业大多会对应相应的职业，但没有经过专业探索的大学生可能不清楚专业对应着什么职业，就更谈不上了解职业的要求了，而经过专业探索后，就可以很快地进入职业探索流程，更重要的是可以为寻找专业和职业间的差距做很好的准备。

3. 专业探索的内容

（1）"这是一个怎么样的专业？"专业教育是我国高等院校人才培养的主要方式，因此大学生必须充分了解所学专业，通过探索，全面认识本专业的专业规模、培养目标、培养模式、教学计划、办学特色、办学定位、办学设施、师资队伍建设、学习资源、发展前景、就业出路。充分了解学好本专业要求的基础课程，因为专业能力是以专业基础知识为基础的，在日新月异发展的今天，很多技术在不断地被更新甚至被淘汰，只有对专业基础知识的学习才可以受用终身。

（2）"不喜欢所读专业怎么办？"由于高考填报志愿被调剂或对所报专业缺

乏认识，部分学生入学后对课程不感兴趣。对于此类学生，建议一方面要在大学期间寻找兴趣，另一方面要尝试培养对已经开始读的专业的兴趣。除通过转专业学习自己感兴趣的专业之外，还有很多培养专业能力的途径，如辅修、选修、社会实践等。

4. 专业探索的方法

（1）资料法。可通过讲座、报刊、网络等方式收集、筛选、提取所需信息，向负责就业的老师获取近几年毕业校友的去向，盘点本专业往届校友的职业去向，作一个统计和数据分析。

（2）访谈法。可从不同角度采访院系领导、专业老师、辅导员、师兄师姐们、实习（见习）单位负责人，并有针对性地联系、采访校友们。

（3）实践法。争取见习、实践机会，走访不同职业类别的相关部门，到单位实地访问、观察，细致了解工作内容与专业要求。

（4）职业法。找到一个你向往的职业，然后再通过以上三种方法去了解从你现在的专业如何能够进入这个职业。

总之，专业探索的方法有很多，“专业探索流程表”可以帮助探索者理清思路，尽快寻找方向和目标。

【课堂活动】采访本专业的优秀毕业生

专业探索流程表

探索主题	具体任务
这个专业是什么	专业的定义、内涵是什么？ 各个机构、学者对专业的定义是什么？
这个专业学什么	都有什么课程？什么领域？哪些分支？各个领域的学者是谁？主要理论是什么？
这个专业的优势院校有哪些	国内外的一流学校和院系、学者是谁？ 在哪个城市？核心特色是什么？
什么人适合学习这个专业	这个专业适合什么人学？有哪些具体素质要求？
与这个专业相关的专业有哪些	有哪些专业与你要调研的专业相关？ 具体都是研究什么的？
这个专业毕业有哪些就业出路	这个专业毕业后能做的工作有哪些？ 不同的出路有什么具体的要求？

续表

探索主题	具体任务
哪些名人学过这个专业	哪些名人、伟人、达人、牛人学过这个专业？ 他们的现在的成就是什么？ 他们在学习时有什么特别的方法和故事？
这个专业的学习圈子都有哪些	有哪些学习资源？你怎样能享受这些资源？
别人对这个专业的看法	学过的人、学好的人、专家、学者、社会等各个方面的人对这个专业的看法和评价是什么？
你自己对这个专业的看法	在整理之后，你自己的看法是什么呢？包括每项任务的看法？最终拿出一个你自己的独特看法。

第二节　职业环境的概况

人的兴趣、能力和价值观等自我因素是相对稳定的内在状况，但是客观世界的职业环境，是随经济社会发展程度不断变化的。大学生在进行了自我探索之后，需要对客观职业世界进行探索，把握社会发展和职业环境发展的脉络，才能有效地将自我匹配到现实的职业当中。

案例：职业路该怎么走？

小李是广东某医科大学护理专业的毕业生，毕业后从事一般临床护理工作。当初选择专业的时候，是父亲帮她做主的。父亲告诉她，读这个专业可以出国做护士，如果不喜欢的话还可以在学校里转专业。在她大一可以转专业的时候，因为听老师说他们这一行出来找工作比较方便，并且自己也没有特别喜欢的专业，因此她就继续读了下来。在大三找工作的时候由于担心自己找不到工作，她并没有对所选医院考察清楚就贸然选择了一家大家都认为不错的医院。在工作了几个月以后，她发觉自己非常不适合做这一行，所以想转行。

小李做个人职业测验，显示是艺术社会型。她是一个很不喜欢被束缚的人，现在临床护理的工作非常死板，因此她迫不及待想要摆脱这个工作，可是却没有合适的方向。

【案例点评】 寻找适合自己的职业方向不是一蹴而就的事。小李遇到的职业发展问题说明她对工作了解不够，对职业认知不多。职业认知是指个人对职业的认识与了解。在校大学生在就业前一定要了解职业与职位，只有提前熟悉了职业，才有可能寻找到适合自己的企业和职业。

来源：谢珊．大学生职业生涯发展训练．广州：广东高等教育出版社，2012．（有删改）

一、当代社会的职业概况

根据国家统计局的国民经济行业分类（GB/T 4754—2011）的描述，可将行业分成20类。分别是：A. 农、林、牧、渔业；B. 采矿业；C. 制造业；D. 电力、热力、燃气及水生产和供应业；E. 建筑业；F. 批发和零售业；G. 交通运输、仓储和邮政业；H. 住宿和餐饮业；I. 信息传输、软件和信息技术服务业；J. 金融业；K. 房地产业；L. 租赁和商务服务业；M. 科学研究和技术服务业；N. 水利、环境和公共设施管理业；O. 居民服务、修理和其他服务业；P. 教育；Q. 卫生和社会工作；R. 文化、体育和娱乐业；S. 公共管理、社会保障和社会组织；T. 国际组织。

以上20个大类的行业分成四大类：①曙光行业，东方已发亮，但太阳仍未升起。如NGO组织、职业生涯规划。②朝阳行业，像一轮红日冉冉升起。如小米、三星、苹果等手机行业。③成熟行业，已经充分发展并占据主流位置。如财会、建筑、医药、教育行业等。④夕阳行业，从业人员剧减，即将退出历史舞台。如MP3、录音机制造业（见图4－1、表4－1）。

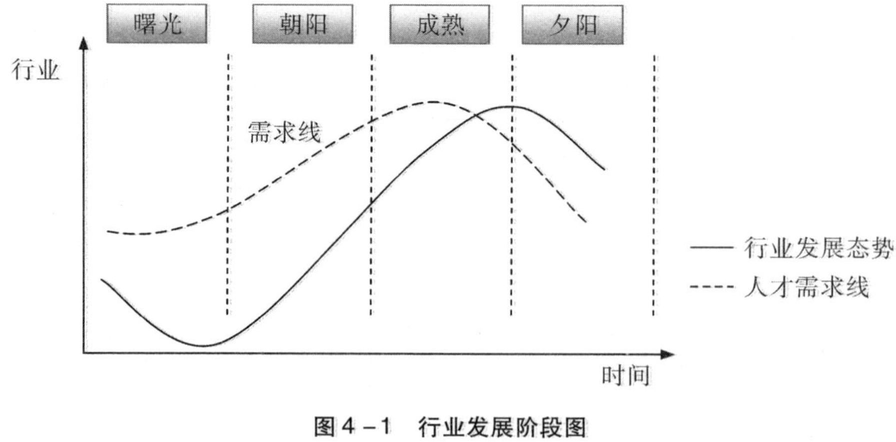

图4－1 行业发展阶段图

表4－1 不同行业适合什么样的人

行业	曙光行业	朝阳行业	成熟行业	夕阳行业
优点	愿景与意义 竞争对手少 可以创新	行业发展快 收入高 反应快速直接 成就感	行业发展稳固 收益中上 上升通道稳定 掌控感	行业走弱 节奏舒适 舒服
缺点	不确定性 长久等待 收入不高 迷茫失落	竞争对手多 行业变化太快 高负荷工作 焦虑	竞争对手少 无激情，无可能 低效能工作 厌倦 人事复杂	同行转型或倒闭 收入偏低 下滑 士气低沉 沮丧 担忧
适合人群	梦想家 韧性 直觉 第二职业	实干家 执行力 创意 Career 主战场	政治家 善沟通表达 Career 中后期	传统者 安逸 耐性 Career 后期

来源：古典．职业发展书，2012．（有删改）

知识卡片：国务院颁布的七大新兴战略产业

国务院2010年10月下发《关于加快培育和发展战略性新兴产业的决定》，明确了战略性新兴产业包括节能环保、新一代信息技术、生物、高端装备制造、新能源、新材料、新能源汽车。与新兴战略产业有关的新职业有60余个。

来源：搜狐新闻，http://roll.sohu.com/20101020/n276082640.shtml。

知识卡片：大数据时代的前景

根据前瞻产业研究院《2014—2018年中国大数据产业发展前景与投资战略规划分析报告前瞻》中的数据显示，2012年中国大数据产业市场规模为4.5亿元，初步估算，2014年将达到15亿元。未来几年大数据市场将继续以超过100%的年均复合增长率增长，到2016年，大数据将成为百亿级的产业。市场研究公司Marketsand Markets公布的最新报告显示，2013年至2018年，全球大数据市场的年复合增长率将为26%，从2013年的148.7亿美元增长至463.4亿美元。报告还显示，大数据产业主要涉及数据生成、存储、处理分析、应用四个环节，具体来看，包含硬件设备、处理分析环节、综合处理、语音识别、视频识别、商业智能软件、数据中心建设与维护、IT咨询、方案实施、信息安全等领域。

来源：百度知道，http://zhidao.baidu.com。

二、职业世界的变化与发展

随着越来越多新兴产业的出现，一方面，提供了大量的职业岗位，越来越多的新职业种类涌现出来；另一方面，又使一些原有行业中的职位受到社会更多的重视，并因此得到空前的发展。

（一）新职业趋势

1. 新职业分布于第三、第四产业中的比重在不断增加

第三、第四产业是伴随现代工业社会的发展而崛起的一类新兴行业，包括交通运输业、邮电通信业、商业、服务业、金融保险业、卫生、体育、教育和文化艺术等。这类行业在当代社会多数都发展得很快，如信息服务业、咨询服务业、租赁业和广告业等。

2. 职业咨询渐趋重要

同时，随着社会职业种类的大幅度增加，人们有更多的机会根据自己的兴趣和特点选择职业，这也增加了在职业选择过程中准确、有效地获取职业信息，做出决策的复杂性和难度。人们在择业决策中对信息与对策帮助的强烈需求，推动了职业指导、职业咨询行业的发展。

3. 脑力与体力劳动职业分工界限模糊

由于社会中越来越多的劳动领域采用了可减轻体力劳动的设备，机械化、自动化的发展使越来越多的体力劳动消耗减少，让脑力劳动的消耗增加或使这种消耗的比重增加。于是体力劳动脑力化的趋势就出现了。专门职业化是指专门职业种类和就业人数都不断增加的发展过程。它与体力劳动脑力化虽然有区别，但联系还是较为密切的。比如，有的职业在脑力劳动付出的比重增大后，可能成为专门职业。当前，各种职业资格证书在许多国家进一步受到重视，这与体力劳动脑力化和专门职业化的发展趋势直接相关。

4. 同一职业或职位对就业者的新要求赋予了职业的新内涵

体力劳动脑力化和专业职业化会使部分职业或职位对就业者的某些要求发生变化。另有一些职业，或因新设备的应用，或因其任务、职责有一定的改变，而对就业者的要求发生一定的变化。前者如当前的会计师职位，不但要求其就业者会打算盘，而且还要求他们会操作电脑；后者如当代企业的产品推销员多需要做公关工作，由此便对从业者提出了新的要求。从这一层面上看，同样名称的职业在新时代也会产生新的职业内涵。

5. 未来职业对劳动者的素质要求越来越高

未来职业的专业性、技术性、创造性特点越来越强，对劳动者素质能力的要求越来越高。体力劳动类职业和各种职业中的体力要求将大大降低，而逐渐被脑力劳动和创意性工作所代替。随着社会的进步和市场经济规范化发展，文化素质较低的人将失去职业竞争力。社会将需要具备高等文化水平、掌握现代科学技术、熟悉国际惯例和国际竞争形势、具备全球战略视野和创新能力的人才。

6. 职业者之间的竞争更加激烈

随着科学技术的发展和社会产业结构的变化，部分新兴职业将越来越兴旺，而另一部分职业将逐渐被淘汰，这是社会发展的必然结果。这就使人才在行业间、部门间的流动不断增多，也促使劳动者不断接受教育，更新知识，掌握新技术，提高适应时代发展的能力，不断迎接竞争的挑战。另外一部分劳动者由于不能适应职业发展的需求而转岗、下岗，结构性失业问题还会不断出现。

7. 未来职业将更加重视体现人的自我价值

职业不再把人作为一种“工具”，而将其作为生产的要素和创造财富的手段。它将越来越重视发挥人的智慧和潜能，在工作中满足人的安全感、归属感、自尊感和成就感，实现人的自我价值。新兴职业越来越强调人的综合素质、创新能力、合作能力和对高新技术的掌握，从而促使人才不断学习，更新自我，在创造社会财富的同时，促进人类自身的发展和完善。

拓展阅读：前程无忧对职位的分类

IT—硬件开发类职位：高级硬件工程师，硬件工程师。

IT—软件开发类职位：系统分析员，系统工程师，高级软件工程师，软件工程师，数据库工程师，ERP技术/应用顾问。

IT—网络及通讯类职位：信息技术经理，信息技术主管，信息技术专员，通信技术工程师，信息安全工程师，网站营运经理/主管，网络工程师，系统管理员/网管，网页设计/制作。

IT—管理类职位：首席技术执行官，技术总监/经理，项目经理/主管，项目执行/协调人员。

IT—品管/技术支持类职位：技术支持经理，技术支持工程师，品质经理，软件测试工程师，硬件测试工程师，测试员，技术文员/助理。

销售—管理职位：销售总监，销售经理，销售主管，商务经理，渠道/分销经理，客户经理，销售行政经理，销售行政主管，渠道主管，区域销售经理。

销售—销售类职位：销售代表，经销商，医药代表，保险代理，销售工程师。

销售—技术服务类职位：售前/售后技术服务经理，售前/售后技术服务主管，售前/售后工程师，售后/客服经理（非技术），售后/客服主管（非技术），售后/客服专员（非技术）。

销售—助理类职位：销售助理，商务专员/助理。

市场/公关/广告类职位：市场/广告总监，市场/营销经理，市场/营销主管，市场/营销专员，市场助理，产品/品牌经理，产品/品牌主管，市场通路经理，市场通路主管，促销经理，促销主管，促销员，市场分析/调研人员，公关/会务经理，公关/会务主管，公关/会务专员，媒介经理，媒介人员，企业/业务发展经理，企业策划人员，广告策划/设计/文案。

财务/审计/统计/金融类职位：财务总监，财务经理，财务主管/总账主管，会计经理/会计主管，会计，出纳员，财务/会计助理，财务分析经理/主管，财务分析员，成本经理/成本主管，成本管理员，审计经理/主管，审计专员/助理，税务经理/税务主管，税务专员，证券经纪人，投资顾问，注册分析师，投资/基金项目经理，融资经理/主管，融资专员，行长/副行长，风险控制，进出口/信用证结算，清算人员，外汇主管，高级客户经理/客户经理，客户主管/专员，信贷/信用调查/分析人员，银行柜员出纳，统计员。

生产/营运/工程类职位：工厂经理/厂长，总工程师/副总工程师，项目经理/主管，项目工程师，营运经理，营运主管，生产经理/车间主任，生产计划协调员，生产主管/督导/领班，技术/工艺设计经理/主管，技术/工艺设计工程师，实验室负责人/工程师，工程/设备经理，工程/设备主管，工程/设备工程师，电气/电子工程师，机械工程师，机电工程师，维修工程师，质量经理，质量主管，质量工程师，质量检验员/测试员，认证工程师，安全/健康/环境经理/主管，安全/健康/环境工程师，工程绘图员，机械制图员，化验员，技工，电工，服装打样/制版。

行政/人事/后勤类职位：行政/人事总监，人事经理，人事主管，人事专员，人事助理，招聘经理/主管，薪资福利经理/主管，薪资福利专员/助理，培训经理/主管，培训专员/助理，行政经理/主管/办公室主任，行政专员/助理，经理助理/秘书，前台接待/总机，后勤，资料管理员，电脑操作员/打字员。

高级管理类职位：首席执行官/总经理，副总经理，总监，合伙人，总裁/总经理助理。

物流/贸易/采购类职位：物流经理，物流主管，物流专员/助理，物料经理，物料主管，采购经理，采购主管，采购员，外贸/贸易经理/主管，外贸/贸易专员

/助理，业务跟单经理，高级业务跟单，业务跟单，助理业务跟单，仓库经理/主管，仓库管理员，运输经理/主管，报关员，单证员，船务人员，快递员，理货员。

文字/艺术/设计类职位：编辑/作家/撰稿人，记者，校对/录入，排版设计，艺术/设计总监，影视策划/制作人员，导演，摄影师，音效师，演员/模特/主持人，平面设计/美术设计，纺织/服装设计，工业/产品设计，工艺品/珠宝设计。

科研类职位：科研管理人员，科研人员。

律师/法务类职位：律师，法务人员，律师助理，书记员。

教师类职业：教师，教学/教务管理人员，助教，讲师，家教。

医疗/护理类职位：医生（中西医），医学管理人员，医药技术人员，药库主任/药剂师，护士/护理人员，临床协调员，临床研究员，麻醉师，心理医生，医药学检验。

咨询顾问类职位：专业顾问，咨询总监，咨询经理，咨询员。

服务类职位：美容/健康顾问，领班，服务员，营业员/收银员/理货员，厨师，导游，司机，保安，寻呼员/话务员。

建筑/房地产类职位：建筑工程师，结构/土建工程师，电气工程师，给排水/暖通工程师，工程造价师/预结算，建筑工程管理，工程监理，室内外装潢设计，城市规划与设计，建筑制图，施工员，房地产开发/策划，房地产评估，房地产中介/交易，物业管理。

（二）新职业内容

1. 新技术带来的职业

随着现代科学技术发展而出现的职业，如高新技术研究与应用、新材料新工艺新能源开发、网络设计与管理、计算机软件开发等；随着市场经济的发展而出现的职业，如注册会计师、营销策划、广告策划、资产评估、商务代理等；随着一些边缘科学的开发而出现的职业，如生命科学研究、人口学研究、社会学研究、心理咨询、应用美学研究等；随着社会服务需求的扩大而出现的职业，如公益慈善事业管理、社区服务、家政服务、法律顾问、中介服务、环境设计与保护等；为适应政治体制及其管理需要而出现的职业，如公共事业管理、行政监督、司法监督等，这些新兴职业打破传统职业格局，需要大批具备现代科学思想、掌握现代科学知识和现代管理手段的创造性人才。因此，大学生应不断适应形势发展，努力把自己培养为开拓创新、社会应用型人才。

2. 现代化办公型职业

随着政府机构的改革和各类组织行政办公自动化的发展，传统型文职人员需求量减少，而适应现代信息管理与办公自动化的新型咨询参谋型文职人员需求量迅速增加。如计算机软件编写员、计算机制图技术员、计算机辅助信息检索员、计算机辅助设计的工程软件专家、计算机终端操作员、信息分析论证专家、行政助理、人事助理、外事助理、技术助理等。精通业务、熟练掌握外语和计算机技术，有较强参谋能力、策划能力、组织能力和外交能力的高级行政办公人员将受到各类组织的欢迎。文职人员的培养要突破传统模式，重点培养具备高深公共事业管理理论、熟悉某专业领域业务的专家型人才。

3. 服务型职业

在新时期，社会将从以生产为中心的时代逐渐过渡到以服务为中心的时代，在服务型行业就业的人员将逐渐超过生产型行业。服务型行业将对社会发展和人类生活产生重大影响。服务型职业主要有商业服务型、社会服务型、生活服务型和私人服务型。服务型职业的发展需要各种类型的人才，如何培养高素质的服务人才，规范服务工作质量标准，鼓励高素质人才从事服务工作，培养更多大师级、专家型服务人才，如高级育婴师已成为全社会所关注的问题。

拓展阅读：2015年前大数据将在全球新增440万就业机会

大数据是从任何可以想到的地方搜集和分析得出的数据。随着企业发现很多方法来将数据转化为收入，大数据将成为增加就业机会的重要引擎。预计在2015年以前，大数据将在全球范围增加440万就业机会，其中美国增加190万就业机会。

来源：腾讯新闻，http://tech.qq.com/a/20121023/000015.htm。

拓展阅读：2025年这些职业可能消失

从自动驾驶汽车到为老年人设计的看护机器人，长期以来，对某些通常由人类完成的工作来说，技术的迅猛发展一直是一个潜在的威胁。而现在，专家相信，随着人工智能对商业的不断改变，到2025年，有近50%的现有职业将是完全多余的。

最可能被替代的职业：电话营销员；下水道工；修表工；报税员；图书管理员；保险理赔；订单管理员；裁判员和体育运动官员；出纳员；负责新开账户的职员；标题审查、摘录和搜索员；经纪业务员。

最不可能被替代的职业：生物化学家和生物物理学家；电子工程师（电脑除外）；艺术总监；矫形牙医；制片人和导演；摄影师；服装设计师；材料科学

家；健康诊断和治疗医生；建筑师（景观和造船除外）；土木工程师；脊椎指压治疗师；环境工程师。

来源：羊城地铁报，2014.11.10（有删减）。

第三节　职业环境的探索内容

职业发展是个复杂的过程。影响职业发展因素的关系可概括为："知己"、"知彼"、"抉择"。其中，"知己"的内容在前述"自我探索"的章节中已作介绍。本节主要对"知彼"这一外在的因素进行分析。如前述，职业环境的因素包括社会环境、行业组织、具体职业岗位、家庭、同龄人等。进行职业环境探索，可从以下四个方面入手。

一、社会环境分析

社会环境中流行的工作价值观、政治经济形势、产业结构的变动等因素，无疑都在个人职业选择上留下深深的烙印。"五十年代的兵，七十年代的工人，九十年代的个体户"，每年的就业形势都对高考志愿的选择和就业选择起到至关重要的影响作用。不同的社会环境所给予个人的职业信息是不同的。

（一）文化环境因素

社会文化环境包括教育条件和水平、社会文化设施等。在良好的社会文化环境中，个人能受到良好的教育和熏陶，从而为职业发展打下更好的基础。社会文化是影响人们行为、欲望的基本因素。社会文化反映着个人的基本信念、价值观和规范的变动。如果一个地区的人们崇尚职业的新奇性和变换性，那么这个地区的人在各企业之间的流动频度就高，如美国公民普遍喜欢市场的契约制度，职业变动率高；如果人们追求工作的安全感和稳定性，那么人力资源在各企业之间的流动就相对较少，如日本公民喜欢终身雇佣制。我国是一个文化多元化的大国，社会文化具有地域差异，如我国沿海地带的公民可能喜欢市场的契约制度，而内地公民可能喜欢传统的稳定的雇佣制度。

（二）经济发展因素

经济环境是影响职业选择和职业发展的重要因素。具体来说，经济环境方面的因素主要有：

1. 经济形势因素

当经济处于萧条时期，企业的效益降低，对人力资源的需求减少，因而职业选择和职业发展的机会减少；当经济处于高速发展时期，企业处于扩张阶段，对人力资源需求量增加，职业选择和职业发展的机会增多。此外，在经济发展水平高的地区，企业相对集中，优秀企业也比较多，个人职业选择的机会就比较多，因而就有利于个人职业发展；反之，在经济落后地区，个人职业发展也会受到限制。

2. 劳动力市场供求状况因素

劳动力市场的供求状况对职业选择和职业发展产生重要影响，如某类职业的人力资源供不应求，则职业选择和职业发展的机会增多；相反，某类人才供过于求，职业选择和职业发展的机会减少。

3. 经济全球一体化因素

根据有关统计，目前全球有1.3亿人在国外工作，此外还有很多形式的智力流动。我国正进一步加大改革开放力度，创造条件吸引国外高科技人才、高级管理人才、高级金融人才来中国工作。同时，国内人才向国外流动也是一个必然趋势，他们主要是通过国际贸易、国外投资、跨国公司经营、访问学者、劳务出口、国外定居等方式从国内流向国外。人才的流动能更好地发挥人才的潜能，创造良好的经济效益和社会效益。

（三）政治法律因素

政治因素主要涉及国家方针、政策。影响职业的政治因素包含教育制度、政治体制、经济管理体制、人才流动的政策等等。现代教育体制的改革使更多的年轻人能接受高等教育，高学历人才迅速增多，高素质人才的竞争更为激烈。但我国教育体制改革忽略了职业技术教育，将来我们将面临技术工人匮乏的问题。政治不仅影响到一国的经济体制，而且影响着企业的组织体制，从而直接影响到个人的职业发展；政治制度和氛围还会潜移默化地影响个人的追求，从而对职业发展产生影响。

法律因素是指中央和地方的有关法律法规和规定性文件，如政府有关人员招聘、工时制、最低工资的强制性规定，现行的户籍制度、住房制度、人事制度和社会保障制度，这些因素都会对职业的选择和发展产生重要的影响。但从我国的实情来看，法律环境对高级人才的限制比较少，而对低层次劳动力的限制比较多，许多地方出台一些政策对低层次劳动力的流入进行限制。此外，《劳动法》、《劳动合同法》、《就业促进法》、《劳动争议调解仲裁法》、《工会法》、《职业教育法》、《女职工劳动保护规定》、《妇女儿童权益保护法》等劳动法律法规及其司法解释，都对组织在进行员工的职业管理过程中产生影响。

二、组织环境分析

组织环境分析包括对组织（企业）所在的行业进行分析，也包括对组织（企业）内部的人力资源管理现状、管理者支持、企业文化等因素进行分析。

（一）所在行业环境分析

行业是企业的集合。从事同类产品生产销售的企业或提供类似服务的企业达到一定的数量才形成一个行业。在同一个行业内，可以从事不同的职业。例如同样在教育行业，有人可以从事教学岗职业，有人则选择行政管理职业。

对行业进行分析，应区分行业属于曙光行业、朝阳行业、成熟行业还是夕阳行业（见表4－2）。每一种行业都对应有适合在该行业工作的人的特征。还要注意，国家政策的变动也会极大影响行业的发展。我们在选择行业之前应区分该行业是国家扶持鼓励的还是制约限制的，选择有前景、发展空间大的行业。

表4－2　各类型组织的特征比较

类型	事业单位/国企	外企	民企
特点	由于竞争压力相对不大，垄断性资源，掌控导向	有雄厚资金背景，有全球化愿景，短期无生存问题，规则导向	生存导向，以结果为导向
行业	上游，甲方 垄断行业 成熟行业	—	下游，乙方 开放行业 朝阳曙光行业
职位	管理、行政	其他部门	销售、市场、客服
地域	二三线城市、县城等	二线城市	北京、上海、广东等

拓展阅读：未来十大黄金行业

未来十大黄金行业包括军工配套业、保险业、银行业、农村土地的中介、边贸业、物流业、老龄人口配套服务业、私营医疗机构、建筑及建材业、音像行业、私立学校。

来源：网易新闻，中共十八届三中全会召开专题报道，2013 年 11 月 15 日。

（二）组织内部环境分析

从组织内部环境看，影响职业发展的因素主要包括组织特征、人力资源管理现状、管理人员的支持和组织文化等。

1. 组织特征

组织的特征包括组织的行业属性、产品（服务）的组合结构、生产（服务）的自动化程度、产品（服务）的销售方式等。如图 4－2 所示，组织要求和职位要求可以用一个矩阵图表示。行业的潜规则、企业文化、组织规则、职位描述（KPI）和员工的才干气质都分布在矩阵中不同的板块。从纵向看，越往上代表该因素越模糊难以定义，越往下代表该因素越确定清晰。从横向看，越往左代表该因素越靠近于职位的要求，越往右代表越靠近于组织的要求。如图 4－3 所示，三种不同类型组织性质对各种因素的要求存在一定差异。板块的大小代表该因素在组织要求和职位要求中所占的比例。图 4－3 非常直观地反映了这三类组织因性质不同所产生的差异。在了解组织特色的时候，可参考这种矩阵的考量方法。

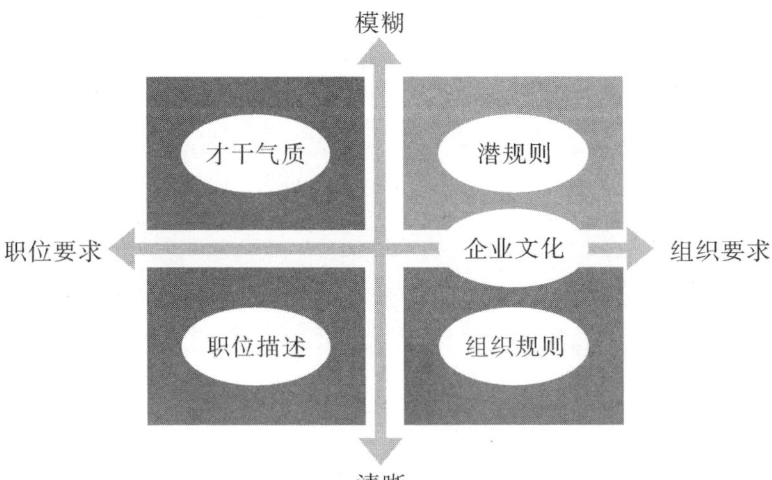

图 4－2　组织内部需求矩阵图

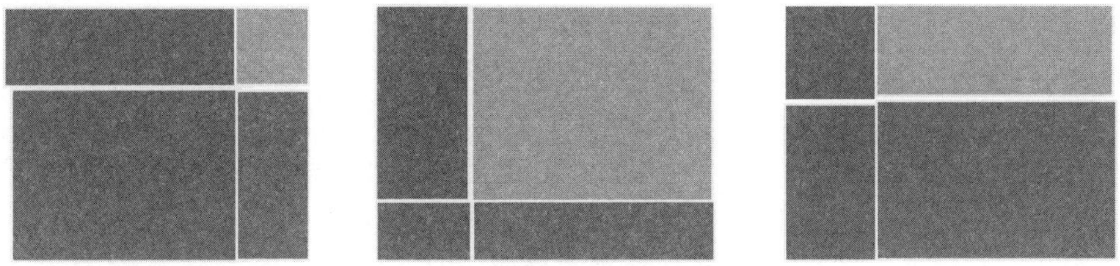

民企　　事业单位/国企　　外企

图4－3　各种类型组织需求矩阵

来源：新精英生涯公司培训课件之企业需求能力矩阵图。

以传统产业的企业为例，生产技术和生产手段都接近规范化和程序化，对员工的要求主要是能掌握熟练的生产技术，这类企业对创新型高科技人才的发展不利。而一些从事新产品开发的高科技企业，需要技术创新的开发人员，创新型人才的发展空间比较大，职业也易取得发展。同样，劳动密集型企业、资本密集型企业和知识密集型企业对员工都有不同的要求。劳动密集型企业强调员工的体能，资本密集型企业强调员工的技术，知识密集型企业强调员工的研发能力。

2. 人力资源状况

组织的人力资源管理现状包括人力资源规则、供给与需求的预测、招聘方式、晋升管理、工资报酬、福利措施、员工关系、发展政策等。员工的职业发展，归根到底要靠人力资源管理政策来保障，考察的内容包括是否具有合理的培训制度、晋升制度、考核制度、奖惩制度等。企业价值观只有渗透到制度中，才能得到切实的贯彻执行。没有制度或者制度不合理、执行不到位，员工的职业发展就难以实现，甚至可能成为空谈。

另外，组织自身的人力资源结构对个人职业的发展也有重要的影响。例如，组织中老、中、青不同年龄层次甚至不同性别比例的员工梯度是否合理，直接影响着员工的发展机会。企业的晋升制度、绩效考核制度、薪酬制度、培训制度等等，都对员工个人的职业发展产生重要影响。

3. 组织文化

组织文化决定了一个组织如何看待员工。员工的职业生涯很大程度上是被企业文化所左右的。一个主张员工参与管理的组织显然比一个独裁的组织能为员工提供更多的发展机会；渴望发展、追求挑战的员工很难在论资排辈的组织中受到重用。组织文化是影响组织运行效益的重要因素。如果员工个人的价值观与组织文化有冲突，难以适应组织文化，也会阻碍该员工的职业发展。所以组织文化是个人在制订职业生涯规划时应当考虑的一个因素，尽量避免与组织文化冲突。

拓展阅读：中国企业中良好企业文化的例子

● 金利来公司的企业文化是要透过品牌文化力赢得消费者和社会公众对金利来品牌产品及企业的认同感、亲和力，从而取得促销产品、提升企业形象、加强品牌地位的效果。金利来相应的经营策略是从文化、形象、情感经商上征服消费者。“诚”和“信”经营理念，在产品质量与品质追求上做到“尽善尽美，一丝不苟”。

● 华为的企业文化是“狼”，认为狼是企业学习的榜样，狼性永远不会过时。狼有最显著的三大特征，一是敏锐的嗅觉，二是不屈不挠、奋不顾身、永不疲倦的进攻精神，三是群体奋斗的意识。

● 海尔企业文化的核心是创新。有生于无，人人是人才，企业如同斜坡上的球，真诚到永远。

来源：百度文库（有修改）。

三、具体职位的分析

对具体职位的分析，是职业环境分析中的核心内容。进行职位分析需要考察以下九个因素：

（一）工作职责和内容

按照职责的轻重程度列出这个职位的主要职责，确定每项职责的衡量标准；列出工作的具体活动、发生的频率以及它所占总工作量的比重。

（二）职位的组织结构图

组织结构图包括：职位的上级主管是谁，职位名称是什么，跟他平行的是谁，他的下属是哪些职位以及有多少人，以他为中心，把各相关职位画出来。

（三）职位的权力与责任

（1）财务权：资金审批额度和范围。

（2）计划权：做哪些计划及做计划的周期。

（3）决策权：任职者独立做出决策的权利有哪些。

（4）建议权：是对组织政策的建议权，还是对某项战略以及流程计划的建议权。

（5）管理权：要管理多少人，管理什么样的下属，下属中有没有管理者，有没有技术人员，这些管理者是中级管理者，还是高级管理者。

（6）自我管理权：工作安排是以自我为主，还是以别人为主。

（7）经济责任：要承担哪些经济责任，包括直接责任和间接责任等。

（8）在企业声誉方面和内部组织方面的权力和责任：比如他的工作失误会给公司带来什么样的影响等。

（四）与工作关联的信息

这个职位在组织的内部和组织外部的情况如何，包括与政府机构、供应商、客户之间发生怎么样的沟通关系，沟通的频率和沟通的方式是什么样的，是谈判沟通还是日常信息的交流。

（五）职位的任职资格

（1）从业者的学历和专业要求。

（2）工作经验。

（3）专业资格要求。

（4）专业知识方面的要求。

（5）职位所需要的技能：沟通能力、领导能力、决策能力、写作能力、外语水平、计算机水平、空间想象能力、创意能力等等。

（6）个性要求。这一项是选择性的。

此外，还有其他方面，如这个职位要求的最佳年龄段、身体状况、身高等等，也可以在其他要求里做注明。

（六）职位的工作条件

如职位的体力消耗程度，压力、耐力、精神紧张程度等；是不是需要经常出差，出差的频率多高；这个工作是不是有毒、有害，有没有污染等等。还有用电、爆炸、火警等安全性方面也要写明。有的还要对经济和政治上的危险进行列举。

（七）劳动强度和工作饱满的程度

比如说工作姿势，是坐着还是站着，要不要弯腰等等。对耐力、气力、坚持力、控制力、调整力的要求。是否要执行倒班制度，实行弹性的工作时间还是固定的工作时间或是综合的计时制等等。

工作饱满程度是指是否要经常超负荷工作，要不要经常加班，还是刚刚达到饱满程度，或是半负荷，甚至是超低负荷。

（八）工作特点

一是工作的独立性程度。有的工作独立性很强，需要自己做决策，不需要参考上一级的指示或意见，而有的工作需要遵从上级的指示，不能擅自做主。二是工作的复杂性。例如，是要分析问题、提出解决办法，还是只需要找出办法；是需要创造性，还是不能有创造性。

（九）职业发展的道路

这个职位可以晋升到哪些职位，可以转换到哪些职位，以及哪些职位可以转换到这个职位，回答这些问题有助于未来做职业发展规划时使用。

以上因素也可以用“6W1H”图表概括，如图4－4所示。

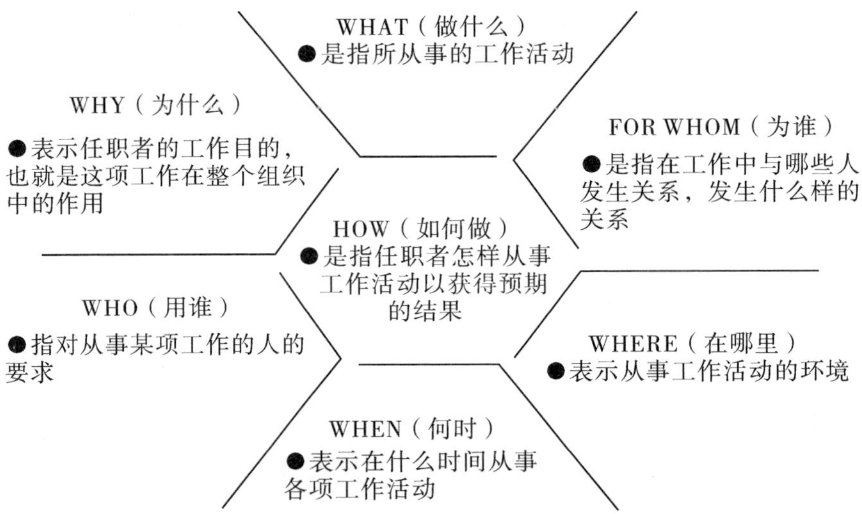

图4－4　职业发展的“6W1H”图表

拓展阅读：部分知名企业的选才标准

宝洁公司：有领导能力、诚实正直、承担风险、积极创新、解决问题、团结协作、专业技能强。

联想集团：有强烈责任心、个人品德好、有强烈的进取心、善于学习和总结、对企业文化认同感强。

IBM 公司：重智力（学习成绩和知识面）、重个人素质（再学习能力、价值取向、沟通能力）、愿与公司共同成长。

科龙集团：德才兼备、文化认同、敬业爱岗、求实上进、心理素质好、反应能力强、灵活性高。

四、其他环境因素分析

（一）家庭因素的影响

每个个体所生长的环境，对他们的生活都大有影响。首先，教育方式的不同，造成他们认知世界的方法不同；其次，父母职业是孩子最早观察模仿的角色，孩子必然会受到父母职业技能的熏陶；再次，父母的受教育状况、社会地位、家人的期望、价值观、态度、行为、人际关系等对个人的职业选择和职业发展起到直接和间接的深刻影响。因而，我们常常看到艺术世家、教育世家、商贾世家等。

（二）朋友、同龄人群体因素的影响

俗话说："近朱者赤，近墨者黑。"朋友、同龄群体的工作价值观、工作态度、行为特点等不可避免地会影响到个人对职业的偏好，以及对从事某一类职业的机会和变换职业的可能性等方面的选择。

第四节　探索职业世界的方法

现代社会中，人们获取信息的方式是多种多样的，谁能第一时间拥有足够多的真实职业信息，谁就能在职业发展中处于制高点。本节通过探索职业世界，引导学生认识真实的职业世界。

一、利用职业分类的方法

（一）霍兰德职业兴趣分类

霍兰德职业兴趣测试由美国著名职业指导专家霍兰德编制，主要用于确定被

测试者的职业兴趣倾向，进而指导被测试者选择适合自身职业兴趣的专业发展方向和职业发展方向。霍兰德提出了六种基本职业类型（见图4－5）。

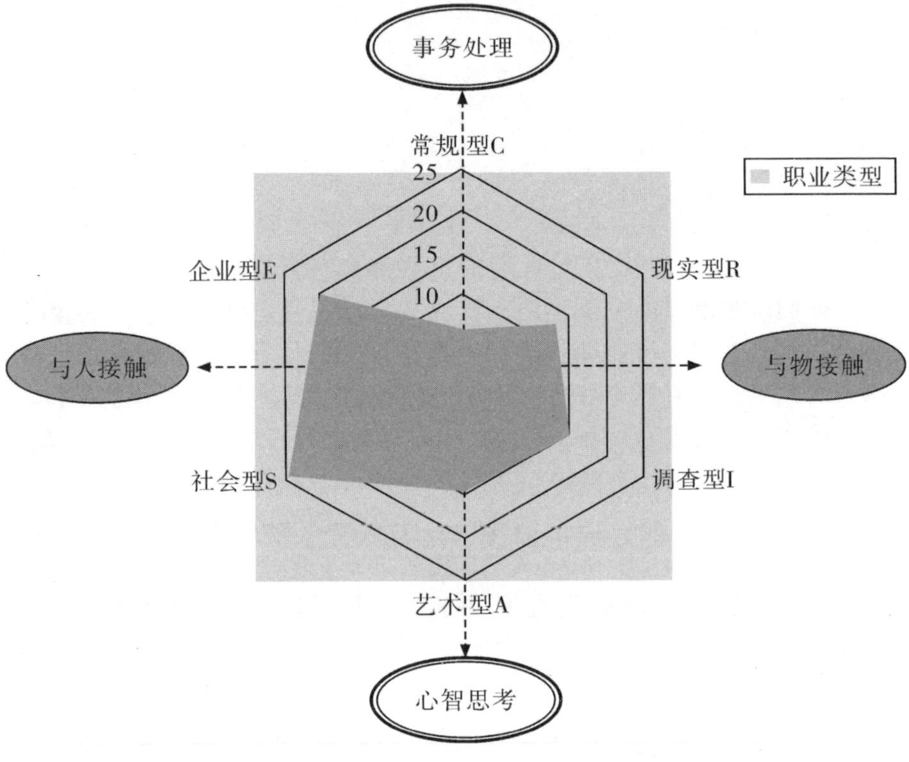

图4－5　霍兰德职业兴趣分析图解

霍兰德认为只有个人的职业兴趣类型与职业相匹配，才能凸显个人的职业优势，更有可能获得成功的职业发展。

【课堂活动】　案例讨论

小华是大一的学生，高考时他根据父母的意愿报考了就业比较热门的金融专业。入学之后，小华发现金融专业与自己的性格不匹配。小华自小是一个科幻小说迷，除了上学的时间，他的业余爱好是去野外宿营，接触大自然。小华高中时是班级里英语科目的佼佼者，语文和数学也不错，同时他也是学校科技小组的负责人。面对现在的专业，小华感到非常困惑，并有了转专业的念头，于是找到了学校的职业生涯咨询师。

● 请猜测小华可能拥有的霍兰德代码，并讨论小华是否应该转专业以及未来可能适合他的职位有哪些。

（二）工作世界地图

工作世界地图（见图4－6）是由美国大学考试中心开发，作为职业生涯规划的参考工具，用于评估个人的工作兴趣，让个人更清晰自己感兴趣的职业领域。工作世界地图把工作系列分为12个区域，这些工作几乎涵盖了所有工作。尽管每个工作系列中的工作都有它们自己不同的位置，但大多数都接近所给出的某一点。

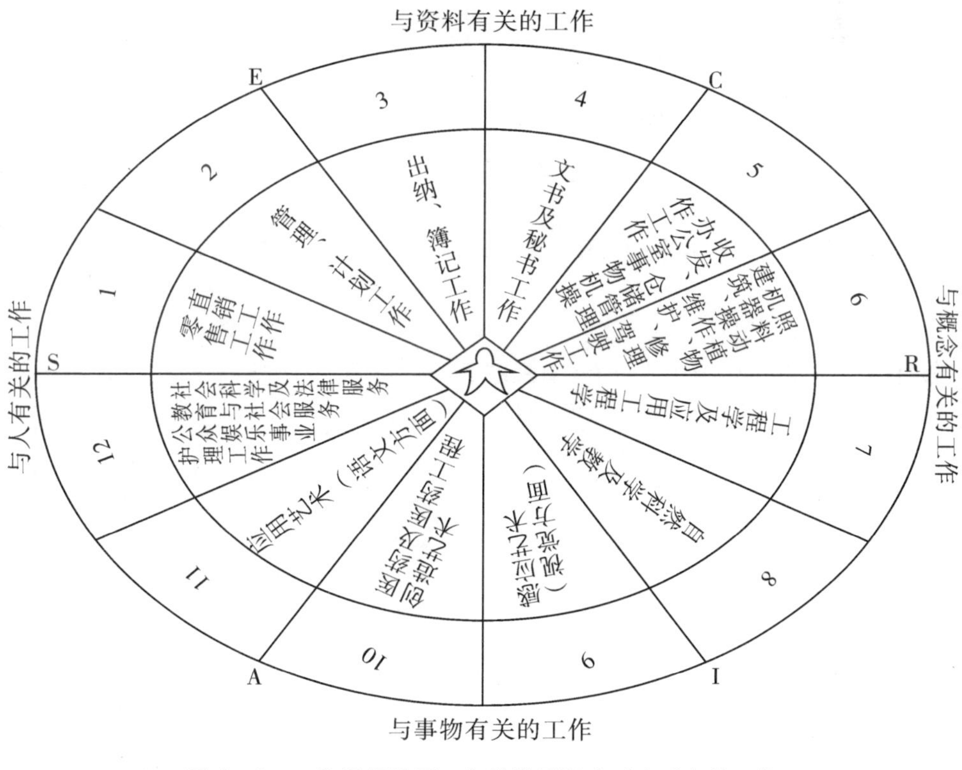

图4－6　工作世界地图：各种类型的人对应适合的工作

（三）职业SWOT分析法

SWOT分析法，又称为态势分析法或优劣势分析法，最初在管理学上用来确定企业自身的竞争优势（strength）、竞争劣势（weakness）、机会（opportunity）和威胁（threat），从而将公司的战略与公司内部资源、外部环境有机地结合起来（见图4－7）。此理论矩阵可借鉴于对自身或职业、岗位进行分析（见表4－3）。通过调查将职业优势（S）、职业劣势（W）、职业机会（O）、威胁（T）列举出来，并依照矩阵形式排列，用系统分析的思想，把各种因素相互匹配起来加以分析，从中得出一系列相应的结论，有助于职业决策的制订。

SWOT分析模型

优势	机会
劣势	挑战

图4－7　职业的SWOT分析模型

表4－3　对高校辅导员职业的SWOT分析

优　势	劣　势
政策优势：大学生的日常生活与学习管理以及思想道德教育日益受到国家的重视；高校辅导员工作主要就是在加强与完善学生的日常管理，做好学生的思想政治教育与身心发展开导工作等的同时，结合“十二五”规划中全面推进素质教育、遵循教育规律与学生身心发展规律、提高高等教育质量的政策要求。辅导员工作在新形势下将在政策上具备很大的优势。	专业辅导不对口：有许多辅导员无法去管理自身所学专业的学生，而是到跨专业学院去任职，既没有系统的思想政治理论知识，也不熟悉该专业学生的特性，容易在日常工作中遇到障碍，需要较长的适应期，影响工作效率与效果。
发展优势：辅导员同大学生年龄相仿，在兴趣、爱好等方面容易与学生达成一致；师生的心理距离小，容易沟通与交流，这使他们与学生建立朋友式的关系。辅导员在工作中朝气蓬勃、精力充沛，能很快胜任工作岗位，迅速自我成长。	工作相对枯燥乏味：辅导员的很多日常事务工作是最为枯燥乏味的工作之一；结合辅导员年轻化的情况，年轻人从事辅导员工作将面临工作枯燥乏味的难题。

续表 4-3

机　会	存在的威胁
《普通高等学校辅导员队伍建设规定》指出辅导员具有教师和干部的双重身份，由于辅导员在高校中的重要作用和角色的双重性，最近几年，有关辅导员专业化的问题已成为学术上的热门话题，教育部和高校也越来越重视辅导员的发展问题。因此，辅导员工作在未来有着众多的发展机会。	专业知识结构要求过高：国家素质教育实施和创新人才培养口号的提出对辅导员工作提出了更严格的要求，辅导员的工作范围涉及方方面面。 当前大学生特立独行的思想：本科学生的思想与价值观正发生着深刻的变化，例如价值观逐渐多元化；对理论文化的重视程度不足，且缺乏高尚的文化意识；生理成熟却没有带来思想意识的成熟；众多学生对辅导员以及大学教师的权威观念淡化；等等。

使用 SWOT 分析法的基本原则：

（1）必须对职业的优势与劣势有客观的认识。

（2）必须区分职业的现状与前景。

（3）必须考虑全面。

（4）必须与类似职业进行比较。

（5）保持 SWOT 分析法的简洁化，避免复杂化与过度分析。

（6）结果因人而异。

二、搜集职业信息的方法和渠道

探索职业世界、搜集职业信息有许多途径和方法。常用的有查阅、讨论、参观、实习、生涯人物访谈等方法。

（一）查阅

对个人希望了解的职业方向（或职业群），通过网络、书籍、期刊及有关声像资料进行初步查阅；选定各种典型职业，进一步对其入门所需的基本条件如学历、资格证书、身体条件等进行查阅；通过查阅使自己对做好职业工作所需要的知识、技能、生理条件及个性特征有一个初步的认识，对该职业的生存环境、发展前途以及个人循此发展可能取得的职业成就等形成初步印象。

（二）讨论

“理越辩越明”，个人的探索总有局限性，与别人一起讨论感兴趣的职业问题，共享职业探索成果，可以互相打消一些不现实或前景暗淡的东西，共同发现一些更好的东西、更多的前进道路。

【课堂活动】 关于“苹果”的职业联想

活动方法：以小组为单位，使用头脑风暴法，根据关键词“苹果”想象与此相关的职业，越多越好，并用思维导图的方式表达出来。比较大家画的思维导图，看有没有新的发现，并进行小组总结汇报。

活动目的：发散性思考、用发展的眼光看待各行各业。

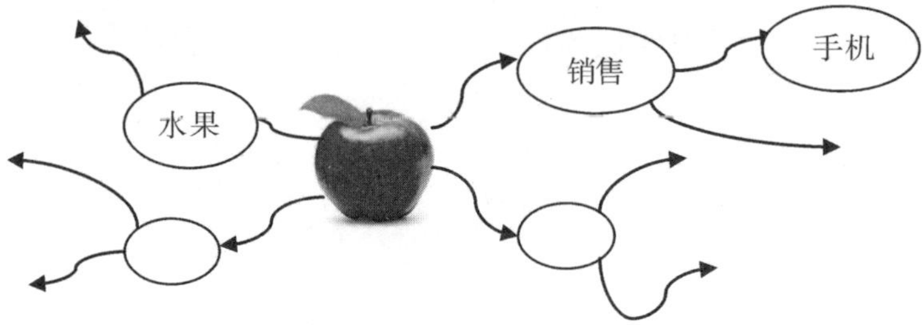

（三）参观

到相关职业现场短时间地观察，了解职业相应的工作性质、内容、职业环境及氛围，获得实实在在的职业感受。

（四）实习

到职业场所进行一段时间的打工、义务劳动或实习、实践。实习是一种比较全面地了解职业的方法。实习可以更深入、更真实地对职业的工作任务、工作要求、工作环境及个人的适应情况进行了解、判断，了解工作的程序、报酬、奖罚、管理及升迁发展的各种信息。通过与工作人员的实地接触，还可感受职业对人的影响及人职和谐情况。

（五）生涯人物访谈

生涯人物访谈是指个体和某个内行人的会谈。通过和相关的从业人员进行会谈，了解相关职业的知识、技能需求、待遇和发展前景。如果个体正处于选择专业、选择职业、换工作、找工作等状态中，生涯人物访谈将有助于探索各种可能性。与求职面试不同，生涯人物访谈不需要向雇主推销自己，也不是基于某个空缺的职位进行。因此，生涯人物访谈的对象最好是能直接提供职业信息的人。访谈对象讲述的职业的潜在入职标准、核心素质要求、晋升路径和工作者的内心感受等信息都无法通过大众传媒和一般出版物得到。这些鲜活的、第一手的信息能使大学生对职业的了解更加丰满，从而更好地安排在校的学习和生活。

大学生通过生涯访谈还能认识更多的人，例如，你可以在会谈结束时说："我还想跟其他人聊聊这个领域的工作，您能向我推荐一些合适的人么?"这有助于扩展大学生在某个领域的专家人脉。

1. 选定访谈对象

访谈对象应该具备以下条件：

（1）拥有你所向往的专业技能、兴趣、热情、生活方式，或者参加相关活动的经历。

（2）在一个吸引你的领域（如医院、大学、航空公司……）工作。

（3）担任你感兴趣的职位（如心理咨询师、市场调查员、公关……）。

（4）在某个特定领域从事特定工作（如在大学的咨询中心做心理咨询、在一个大型公司担任消费教育代表、在IBM做市场调查……）。

2. 找到潜在的人脉

（1）你可以向朋友、亲戚、邻居、同事、前任上司等任何能帮助你进行职业访谈或者推荐访谈对象的人询问。

（2）联系所在的学院、就业中心或大学的相关办公室，或利用就业中心的网站查找校友或其他愿意和你交谈的人。

（3）联系相关的行会、贸易商会等组织，浏览它们的网站。

（4）在企业官网、报纸、杂志上寻找信息。

（5）参加你感兴趣领域的专业人士聚会。

人们通常愿意谈论他们的工作内容以及工作方式。但是，不要浪费彼此的时间，要做好准备再去。了解你自己的兴趣、技能、价值观，以及这些特质如何与访谈对象所在的领域联系起来。了解访谈对象所在的领域或机构。在头脑中列一个清单，明确访谈的侧重点。利用图书馆、网络等途径获得能够查到的一切基础信息。也可以向某个机构索要介绍宣传手册，或利用"我该问什么问题?"中的问题清单来帮你制作自己的问题表。

3. 我该问什么问题?

（1）背景：您是怎样进入这个领域的?您的教育背景是什么?怎样的教育

背景或工作经验对进入该领域会有帮助？

（2）工作环境：您的日常职责有哪些？工作条件怎样？该领域要用到哪些技能？

（3）问题：您工作中遇到最棘手的问题是什么？整个行业面临着什么问题？已经采取了哪些措施来解决这些问题？

（4）生活方式：工作之余，您还需要尽什么义务？在着装、工作时间、假期方面的灵活性是怎样的？

（5）收获：除了薪酬，您认为从事该工作最大的收获是什么？

（6）薪酬：入职新人的薪酬水平是怎样的？有哪些额外补贴？有哪些其他的福利（例如，分红、保险、佣金）？

（7）发展空间：您今后几年的规划和长远规划是什么？

（8）晋升：晋升空间大么？一个人怎样从基层升至高层？跳槽的员工多吗？该公司的升职制度是什么？最后一个担任该职位的人会怎样？过去五年有多少人担任了该职位？公司怎样考核员工？

（9）行业：您认为今后 3 ～ 5 年该行业的发展趋势是怎样的？该公司的前景怎样？影响该行业的因素有哪些？

（10）建议：我的个人情况和该领域匹配度怎样？当时机来临时，我该怎样找到一份该领域的工作？您建议我做什么准备，带薪实习还是无薪实习？您对改善我的简历有哪些建议？

（11）需求：该工作的招聘情况是怎样的？哪里有这样的工作？还有哪些其他领域的工作和您的工作相关？

（12）招聘决定因素：招聘该职位的员工，最重要的因素是什么（如教育背景、个人经历、个人性格、特殊技能）？您所在部门谁有人事决策权？谁监督老板？当我做好了申请准备，我该联系谁？

（13）求职市场：人们通常怎样进入您的领域，是通过报纸广告、网络了解信息，还是通过熟人介绍？

（14）介绍其他信息源：您能向我推荐需要经常阅读的行业期刊吗？可以去哪些机构获取我需要的信息？

（15）推荐其他访谈对象：根据今天的谈话，您认为我还应该跟谁交谈？能向我介绍几位么？我约见他们的时候，可以提到您的名字吗？

（16）其他：您还有其他建议吗？

拓展阅读：生涯人物访谈中常提到的问题

①在这个工作岗位上每天都做些什么？
②您是如何找到这份工作的？
③您是如何看待该领域工作将来的变化趋势的？
④您的工作是如何实现组织的总体目标或使命贡献力量的？
⑤您所在领域有“职业生涯道路”吗？
⑥到本领域工作所需的基本前提是什么？
⑦就您的工作而言，您最喜欢什么？最不喜欢什么？
⑧本领域初级职位和略高级别职位的薪水是多少？
⑨工作中采取行动和解决问题的自由度如何？
⑩本领域有发展机会吗？
⑪本工作的哪部分让您最满意，哪部分最有挑战性？
⑫什么样的个人品质或能力对本工作的成功来讲是最重要的？
⑬您认为将来本工作领域潜在的不利因素是什么？
⑭您在本领域工作遇到了什么样的问题？
⑮对于一个即将进入该工作领域的人，您愿意提出特别建议吗？
⑯本工作需要特别的知识、技能和经验吗？
⑰这种工作需要什么样的教育或培训背景？
⑱公司对刚进入该工作领域的员工提供哪些培训？
⑲还有哪些方法能帮助我深入了解该工作领域？
⑳您的熟人中有谁能作我下次的采访对象吗？当我打电话给他（她）的时候，可以提到您的名字吗？

4. 我该怎样安排访谈？

访谈之前，应先打电话或发邮件说明访谈的需要，再打电话约定时间地点。

访谈前先做自我介绍，或说明你的介绍人。如“我叫李阳，是××大学的大二学生。我在××大学的就业数据库中找到了您的信息”。

如果遭到质疑，应立刻解释清楚，表明你此时不是来找工作的，仅仅是为了解一些情况来帮助自己做更好的选择。如果对方不能接听电话，可留下口信，并询问什么时候能再打电话。

在对方条件允许时，安排一个20～30分钟的电话访谈或面谈。如果对方最近很忙，就询问下一次合适的时间，或者请他介绍另一位访谈对象。

如果你想面谈（最佳方式），那么就应避免把约见电话变成电话访谈。但有时访谈对象会在电话里说："我现在就有时间，你想问什么？"这个时候，就应做好电话访谈的准备。如果能安排面谈，要确定具体的地点和路线。

5. 其他注意事项

（1）穿面试正装，第一印象很重要。

（2）早到一点，对遇到的每个人礼貌相待，访谈不要超出预定时间，但若对方愿意多谈一会，也要做好继续谈的准备。

（3）在会谈中表现主动，建议多问一些开放式问题，为讨论留有空间。

（4）进入某单位后，看看他们的工作环境，如员工的着装风格、交流方式等等。

案例

杨同学入学时为文科综合班学生，大三时转至法学院就读。杨同学生性开朗，善交际，表达能力佳，同时充满文艺气息，爱好写作。进入法学院学习之后，自觉对法学产生了浓厚的兴趣，立志要从事法律方面的工作。在毕业实习期间，就到检察院进行了第一次职业探索。实习期间，对检察院的事务有了总体的认识，对单位内部的工作作风、工作流程有了自己的理解，实习归来后进行了总结和思考。同时结合自身实际情况，认为自己很适合从事检察院的法律工作。实习结束后，他还经常与在实习中接触过的检察官、书记员联系，虚心向他们取经。

在求职阶段，杨同学多次参加各级各地的公务员考试，遗憾的是都没有考上。毕业后，杨同学还是坚定地往自己的目标靠拢，最终跟中山市某检察院签约成为检察雇员，开始了检察院工作的职业生涯。但因该职位没有国家公务员编制，杨同学在工作之余兼顾备考公务员考试和国家司法考试，过程十分艰辛。经过不断的失败、尝试，再失败、再尝试，终于在工作的第三年，杨同学成功考取了生源地陕西的某检察院，成为一名人民检察官，真正实现了自己的职业理想。

【案例点评】杨同学在校期间就注重搜集职场信息，从文科综合班转到法学专业学习，当时初步对专业产生了认同感。通过深入的专业学习，并积极投身专业实习等社会实践，与行业人士交流沟通，不断地学习和思考，进一步坚定了投身法律事业的决心。法律行业的职位大概有律师、检察官、法官、法律援助等几类，杨同学从中选择了跟自己个性较为匹配的检察官一职作为目标并不断为之奋进。据统计，法学本科毕业后从事与专业相关工作的同学不足一半。这是由于法官、检察官等职位是具有"双门槛"的，一是公务员考试，二是国家司法考试。

只有同时通过两种考试，才能真正当上一名人民检察官。所以即便是通过了四年的专业培训，没有这“双通过”，也会与此类职业失之交臂。但杨同学一直坚定着自己的目标，不畏艰难并最终取得成功。动力无外乎来自于他对职业环境和岗位有清晰的判断，对职业与自己的匹配度有深刻的理解。这也与做合理的职场规划分不开。

【课堂活动】

活动一：我和企业一起走过的日子

你有毕业时想去工作的企业吗？如果有，那么你现在可以针对目标公司进行一个调研，根据调研整理的材料可以按照日志的形式整理成“我和企业一起走过的日子”，这个厚厚的企业资料将是你求职的最好注释。

第一次听到它的名字是在何时何地	
第一次用它的产品（或服务）是在何时何地	
第一次参加它的活动是在何时何地	
第一次上它的官方网站是在何时	
它是何时成立的	
它的创始人是谁	
它的现任高层领导是谁	
它的历任高层领导是谁	
它在业内的地位怎样	
它的核心产品或服务是什么	
它的规模或资产有多大	
它是何时进入中国的（或你所在的城市）	
它有多少子公司和员工	
它有哪些组织部门	
它的企业文化是什么	
它每年要招聘多少新员工	
它的薪资福利是怎样的	
它最近主办了哪些活动	
媒体是怎样评价它的	
业内人士是怎样评价它的	
我的亲友还有谁知道它	

续上表

我的亲友有谁去它那里工作过	
我的亲友有谁去和它相似的公司工作过	
我打算何时去它那里工作	
我去它那里能干什么工作呢	
我现在和它的差距都有哪些	
我打算怎样弥补我和它的一些差距	
我的下一步计划是什么	

活动二：我的“中国”人生发展版图

当你看到中国地图时有什么感受？在地理上你早就知道了中国的地形地貌，但是，你是否将自己的人生和这个地图联系起来呢？

现在，根据你对中国各个城市的了解，来安排一下不同的城市在你人生中的位置吧！或许是你的父母出生的地方，或许是你去过的地方，或许是你莫名喜欢的地方，总之，你要将之安排在自己的一生计划里，至于是旅游还是求学、定居就看你个人的需要了。

	哪个地方	什么时间实现（你多大年龄）	我要去做什么	和谁一起去	现在我的准备有多少	现在我还有多少时间	下一步我要怎么办
1							
2							
3							
4							
5							
6							
7							
8							
9							
10							

当你写下这些行程安排时，整个中国都是你这一生奋斗的平台和舞台，只是，你现在有没有决定去哪里，何时到达？

下一步要做的就是，关注你未来要去的那些城市，对城市的地理位置、风土名胜、文物古迹、经济发展、人民素质等各个方面进行一个资料性的调研，还可以发动你的亲友团，去问问去过或生活在那里的人们，看看他们的想法和看法，进一步充实你的信息。把你所要去的城市连起来，就是你的“中国”人生发展版图了。

思考与练习

1. 团队探索：我的大学我做主

拟定全班人数为 30 人，以 5～8 人为一组，分开 4～6 组开展团队探索活动，引导学生整理进入大学的感受，加深对大学精神及所读大学的认识和理解，继而开始思考大学的目标，初步了解自己的大学生涯发展方向。

第一环节：我为大学代言

目的：彼此认识，建立关系，了解自己的价值、能力和兴趣，思考大学文化的本质与核心。

时间：15 分钟。

准备：每人两张小卡片、一支笔，每组一块小黑板、一支粉笔。

操作：

(1) 每人填写第一张小卡片并依次阐述所填内容，组长负责将有关个人特质的关键词写在小黑板左列。

第一张小卡片：我是________，我爱我的________，我将在大学里________________________。

(2) 每人填写第二张卡片并依次阐述所填内容，组长负责将有关大学的关键词写在小黑板右列。

第二张小卡片：我是________，大学就是________，我有信心，用自己的________________________为大学代言！

(3) 组员将左列和右列的关键词进行匹配或组合，讨论、总结大学和大学生的精神。

第二环节：印象大学

目的：用非语言的方式将学生对大学的向往、期待或现实印象体现出来，促进团队成员的深入交流，深化学生对所读大学的认识和理解。

时间：15 分钟。

准备：每人 1 张图画纸、1 盒彩色水笔。

操作：

(1) 每位组员一张图画纸，请组员自行画出自己印象中的大学；要求有标题，可以用写实、抽象、漫画等任何形式进行绘画，但不能使用文字。

(2) 画完后集体展示，组内进行自由观看，不加评论。

(3) “画家”逐一解释绘画作品及回答其他“画家”的提问。

(4) 各组分别派出一个代表讲述自己的大学画像。

第三环节：假如我大学毕业了

目的：通过情景假设，引导学生之间的交流与分享，启发学生树立新的奋斗方向或坚定当下的奋斗目标。

时间：10 分钟。

准备：每人一张卡片、一支笔。

操作：填写卡片并依次进行分享，卡片内容如下：

大学毕业了，我的心情是________________

大学毕业了，我找到的工作是________________

大学毕业了，我最大的成就是________________

大学毕业了，我最想做的事情是________________

大学毕业了，我的理想生活形态是________________

2. 岗位调查分析报告

作业要求：

①每个小组选择一个岗位进行调查分析。

②至少访谈 10 位以上该岗位的从业人员。

③同一单位的访谈对象不能超过 2 人。

④完成一份《××岗位调查分析报告》。

⑤分享环节进行调查分析报告要点发表。

⑥以小组为单位完成这次作业。

时间安排及分享环节：

①分析报告上交时间为三个星期后（上课前，交打印版）。

②分享环节安排在上课时分享内容，形式不限。

③演示介绍 8 分钟/组。

④回答问题 2 分钟/组。

3. 填写家庭职业树

请根据图表上的要求填写内容。分析你的家族有哪些职业选择上的偏好。选择家族中选择最多的三个职业，思考自己选择的专业和职业目标是否和家族的喜好一致。

推荐阅读

1. 梅贻琦．中国的大学．北京理工大学出版社．
2. 任羽中，张锐．完美大学必修课．人民出版社．
3. 胡适，冯友兰，等．胡适选专业：大师们的大学生活．辽宁教育出版社．

推荐网站

1. 中国高等教育学生信息网：http：//www. chsi. com. cn
2. 中国大学生在线：http：//www. univs. cn
3. 中国大学生网：http：//www. chinacampus. org
4. 新浪名校公开课：http：//open. sina. com. cn
5. 纪录片《世界著名大学》
6. 李开复．给中国学生的第五封信．博客地址：http：//blog. sina. com. cn/kaifulee，2005
7. 中国人力资源网在线测试：http：//psychology. hr. orn. cn/test/index. htm
8. 华南师范大学就业导航：http：//career. scnu. edu. cn

第五章　生涯决策与生涯平衡

你的决定，决定了你。——萨特

成功是在正确的时间做正确的事情，幸福感源于生活的平衡。要实现这一点，一是要学会做决策，一是要把握生活的平衡。如何把握其中的奥妙，是本章重点分析的问题。

现代管理学之父彼得·德鲁克曾说，21 世纪是一个选择的世纪，今天最大的改革是人类将拥有选择的权利。在今天的信息社会里，人人都能获取信息、学习知识、靠脑力上进，人人都有机会，那么人的成功更要靠各人积极地争取和智慧地选择。在现在多变的社会背景下，在为自己做人生计划时出现困惑、纠结是人之常情，但是如何让自己尽快地拔出这种迷茫的泥潭，学会在规划的不同阶段做出因地制宜的合适“决策”，尽快步入下一个生活的阶段，才是我们需要着重学习和思考的。

第一节　生涯决策与执行

“这个公司一直在催我签协议，我签还是不签”，“到底是要考研还是出国，我不知道如何做选择，很犹豫”……类似的问题或困扰在大学生群体中并不少见，有些同学匆匆决策，最终与良机失之交臂；有些同学却迟迟不能做出决策，眼见机会溜走；有些同学收集了众多关于职业的信息，最终却在密集的信息面前像热锅上的蚂蚁……可见，把握科学的决策方式，对每个人都有举足轻重的作用。由于个人价值观差异，现实中总有一些重要因素会影响我们某一时期的决策，我们都需要静下心来思考。好的决策，将是好的开始。

一、决策的概念和要点

拓展阅读：每个人都应该学会选择

上课时，老师给学生讲了一个故事：一头毛驴要吃草，在它两旁各有一堆青草。岂料，毛驴犯了难，先吃这一堆还是先吃那一堆呢？最后毛驴在犹豫不决中饿死了。“老师，您的意思是？”同学们一时间不明所以。“我再讲另一个故事。”老师看着同学们说，“两个牧童进深山，入狼窝，发现两只小狼崽。他俩各抱一只分别爬上大树，两棵树相距数十米。片刻，老狼来寻子。一个牧童在树上掐小狼耳朵，弄得小狼嗷叫连天，老狼闻声奔来，气急败坏地在树下乱抓乱咬。此时，另一棵树上的牧童拧小狼的腿，小狼嗷叫连天，老狼闻声赶去……这样老狼在两棵树之间来回奔跑，终于累得气绝身亡。”同学们还是不解，老师解释道：“驴饿死，狼累死，其原因是一样的：不会选择。”

一个人一生中的每时每刻都是在选择中度过的，品味人生，最大的乐趣莫过于选择，最大的痛苦也莫过于选择。因此，每个人都要学会选择。

来源：http：//www. zhjtjyw. com/kcms/blog/vblog？ u_id = 437&b_id = 189154。

我们每个人每天无可避免地要进行不止一次的“决策”活动。例如，由于时间的限制，可能迫使我们在走出家门到学校的几条路线中做出最短路线的选择；再如每天中午在外就餐的上班族们要对自己的午餐做出选择。在我国，有文字记载的决策活动可以追溯到两千多年前。如《通史》、《资治通鉴》、《孙子兵法》等经典著作都是总结国家最高统治者或将领“决策”的史籍，用以指导后人对国家治理或者战争战术做出正确的决策。奇兰特（Gelatt）的职业决策过程模式理论认为，决策是一连串的决定的组合，任何一个新决定都是由先前的决定的影响所致，而新做出的决定又会连锁影响导致后来的一个决定的出现。所以，决策是一个决定又一个决定连锁反应的发展历程，而非单一的孤立的事件。这也说明生涯决策不是一次选择或一个结果，而是持续不断地做决定及修正的终生历程，具有系统工程的特征。要更好地理解这个过程，需要掌握以下三个有关决策的要素。

（一）提出问题或确立目标可以指导决策活动

决策的起点来源于察觉和分析问题，但是察觉和分析问题的本身很容易成为困扰人的问题，准确认识和分析问题可谓是决策过程中最重要也最为困难的环节。最重要是因为如果理不清问题，我们就难以做出决策；而如果问题找错，我们就会一错再错。最困难是因为真正的问题常常为众多的表象所掩饰，在错综复杂的关系中需要我们用清晰的头脑进行理性、深入的分析，才可能找到真正的问题所在。

决策的目标是指在一定的环境和条件下，根据预测希望得到的结果。目标本身有多种分类，从实现的期限来讲有短期目标、长期目标；从所能达成的愿望来讲有最高目标、最低目标。如果目标的结构不同，所做出决策的思考路径就千差万别。有时，一个远大的目标是通过对多个经过决策的小目标的实现而达成的，或者当我们无法为自己明确指出较为远大的目标或者难以清楚地排序和确定目标时，我们需要在摸索中辨析自己的归宿与诉求，在具体的路径中揭示自己的偏好与企图，在实际的行动中逐渐审视和修正自己的努力路径，最终明确自己的目标或者在事后追认与确立自己的目标。

拓展阅读：找出关键问题很重要

有一天福尔摩斯和华生去露营，走了一天很累了，于是他们钻进帐篷里休息。半夜里两人被蚊子叮醒，一时无法入睡。福尔摩斯问华生，你看到了什么？华生说我看到了浩瀚的星空，察觉到了人类的渺小。福尔摩斯说：“你真笨！”华生继续说：“我看到了土星出现在了狮子座附近，从星象学角度来讲，现在应该是凌晨三点一刻。”福尔摩斯有点生气，干脆不理华生了。华生继续说：“从气象学的角度出发分析，今天应该是一个非常晴朗的日子。”福尔摩斯忍无可忍，他说：“你实在是太笨了，我们的帐篷已经被人偷走了。”

想想我们自己是不是犯过和华生一样自以为是、一叶障目、药不对症的错误？

来源：http：//tieba. baidu. com/p/1853238009。(有删减)

（二）做出决策的条件是有若干可行的备选方案

没有选择方案的决策不是好的决策。在做出决策前首先要评估自己面对的环境及可以掌握或无法控制的各种条件，为自己提供多条通往决策目标的道路，综合评估后才可能做出较好的决策活动。此时，冷静的思考、创造性的思维活动和听取周围熟悉情况的人的建设性意见，都可能为我们的决策提供多种备选方案，而我们在对备选方案的比较分析中经历了决策的过程。

为做出最后决策提供备选方案的途径有以下两种：

1. 头脑风暴法

头脑风暴法又称智力激励法，是由美国创造学家 A. F. 奥斯本于 1939 年首次提出、1953 年正式发表的一种激发性思维的方法，目的在于产生新观念或激发创新设想。头脑风暴可以个人进行，也可以以团队形式进行。当你有新观点时，请在纸张上记录下来或者组员之间在舒适的自由思考的环境下交换意见，集思广益会收获很多奇思妙想。

2. 打破思维的定势

（1）用相反的思维思考原先的问题，检验定势思维的观点，追问其可靠性、合理性、可能性及结果。

（2）角色换位：变换不用的角色思考相同的问题，试图从不同立场解决相同问题。

（3）反常演练：想象事情不按常理发展的后果和解决方法，避免事情反常发展。

（三）决策的实质是主观的判断过程

决策没有对错，没有优劣，只能评价其是不是适合个人。一个人生涯的发展道路都是无法确定和无法预测的，做出任何决策都需要“有舍有得”及个人的冒险和魄力。决策是一种风险投资，如果决策正确，会收获丰厚的回报，而在每一个决策后我们还要观察和反思决策的效果，以期纠正或改善当前决策的不合理性。世界上任何事物都有利弊二重性，决策也是如此，我们作为决策者只能选取当前对自己最有利的选项。

二、生涯决策的方法

“生涯决策”概念最早源自英国经济学家凯恩斯的理论，它是指一个人选择目标或职业时，会选择使用使其获得最高的报酬，并将损失降至最低的方法。

（一）决策类型

决策一般有三种类型：

（1）确定无疑的决策。所有的选择及其结果都清楚明白的决定。

（2）有一定风险的决策。每种选择的后果不完全确定，但可以在一定程度上了解其可能产生什么样的后果。

（3）不确定的决策。对于各种选择会产生什么样的后果几乎完全不清楚。

【课堂活动】

阅读以下文字，思考生活中的决策多属哪种类型，是否大多数的决策都有预测成分，充满不确定性和风险。

笑，有被人视为傻瓜的风险；

哭，有被人视为伤感的风险；

求助他人，有与人纠缠不清的风险；

感情外露，有暴露本性的风险；

袒露思想和梦想，有为人所不理解的风险；

爱，有不被对方所爱的风险；

活着，有死去的风险；

希望，有绝望的风险；

尝试，有失败的风险。

（二）了解你自己的决策风格

决策风格（decision making style）被认为是人们在做决策时表现出来的行为偏好和心理倾向，反映了个体在决策的过程中习惯的反应模式，是个人关于决策行为的个性特征在职业决策过程中的体现。不同的人在决策同一件事情、实现同一目标时的习惯偏好不同，从而形成了决策风格的差异。关于个体决策风格是如何形成的，有三个类型的理论：

（1）个性决定论：决策风格取决于决策者的个性（包括气质、性格等心理特征）。

（2）情势决定论：决策任务与决策环境适合于不同决策风格的人。

（3）相互作用决定论：决策风格既受个性影响，又受决策任务与环境的影响，决策风格的形成不是单一原因造成的，需要同时考虑决策者自身一贯的认知风格、行为习惯等特点，也要考虑可利用的时间资源，以及所面临的决策问题的复杂程度。

【课堂活动】

请思考三个最近做出决策的案例，然后尝试利用职业生涯决策风格类型测试表了解自己的决策风格（见表5－1、表5－2）。

表 5－1　职业生涯决策风格类型测试表（曲振国，2008）

序号	情景陈述	符合	不符合
1	我常做草率的判断		
2	我常凭一时冲动做事		
3	我经常改变我所做的决定		
4	我常不经慎重思考就做决定		
5	我喜欢凭直觉做决定		
6	做决定之前，我未做任何准备，也未分析可能出现的结果		
7	我做事不喜欢自己决定		
8	发现别人的看法与我不同，我便不知道怎么办		
9	做事时我喜欢有人在旁边，以随时商量		
10	我很容易受到别人意见的影响		
11	在父母、师长催促我做决定之前，我并不打算做任何决定		
12	我经常让父母、师长来为我做决定		
13	碰到难做决定的事情，我就把其放在一边		
14	遇到需要做决定时，我就紧张不安		
15	我做事总是东想西想下不了决心		
16	我觉得做决定是一件痛苦的事情		
17	为了避免做决定的痛苦，我并不想做决定		
18	我处理事情经常犹豫不决		
19	我会多方收集做决定所必需的一些个人及环境资料		
20	我会比较分析收集到的资料，列出选择方案		
21	我会衡量各可行方案的利益得失，筛选出最好的选择		
22	我会参考他人的意见，再斟酌自己的情况做出最适合自己的决定		
23	经过深思熟虑之后，我会确定一项最佳的方案		
24	当确定选择的方案后，我会展开必要的准备行动并全力以赴		

计分方法：符合的记 1 分，不符合的不计分。

表5－2　职业生涯决策风格类型对照（曲振国，2008）

题号组	1～6 题组	7～12 题组	13～18 题组	19～24 题组
得分				
决策类型	冲动决策型	依赖型	逃避犹豫型	理智型

注：得分最高的一组代表主要决策风格。

常见决策风格类型（Dinklage，1968）见表5－3。

表5－3　常见决策风格类型

类型	特点	代表性口头禅
冲动型（impulsive）	抓住遇到的第一个选择，不再考虑其他的选择或者收集信息。	先决定，以后再考虑。
从众型（compliant）	顺从别人的计划而不是独立地做出决定。	他们都觉得好，我就觉得好。
拖延型（delaying）	一再将对问题的思考和行动往后推迟。	我还没有准备好工作，所以先打算考研。
计划型（planning）	使用如同标准化决策模型所推荐的理性策略。	我是按照决策相关理论做出的结论。
直觉型（intuitive）	将自己的直觉感受作为决定的基础。	爱你没商量。
宿命型（fatalistic）	将决定留给境遇或者命运。	我这个人永远也不会走运。
瘫痪型（paralytic）	接受了自己做决定的责任，却无法开始决策过程。	我知道我应该开始了，但想到这件事我就害怕。
痛苦挣扎型（agonizing）	花很多的时间和精力来确认有哪些选择，收集信息，反复比较。	我就是拿不定主意。

需要说明的是，以上决策类型没有绝对的优劣，各有其适用的范围和局限性。例如，直觉型决策反映了决策者能够迅速提取相关信息的能力，或者也可以说他是一个反应快的理性决策者。那种喜欢到处咨询或模仿他人者，有依赖的倾向，但也有可能把个人的认知偏差减小到最小。决策风格既受个性的影响，又受到环境的塑造，并非绝对无法改变（见表5－4）。

表 5-4　丁克里奇职业生涯决策风格划分

环境 \ 自己	未知	已知
未知	困惑和麻木性决策 烦恼型、延迟型、瘫痪型	直觉性决策 冲动型、直觉型
已知	依赖性决策 顺从型、宿命型	信息性决策 计划型

（三）生涯决策的相关理论

1991 年，在盖瑞·彼得森（Gary Peterson）、詹姆斯·桑普森（James Sampson）和罗伯特·里尔敦（Robert Reardon）三人合著的《职业生涯开发和服务：一种认知的方法》中，提出了认知信息加工（cognitive information processing，简称 CIP）理论。该理论把生涯发展与咨询的过程视为学习信息加工能力的过程，并把信息加工的特性构成了信息加工金字塔模型（见图 5-1）。

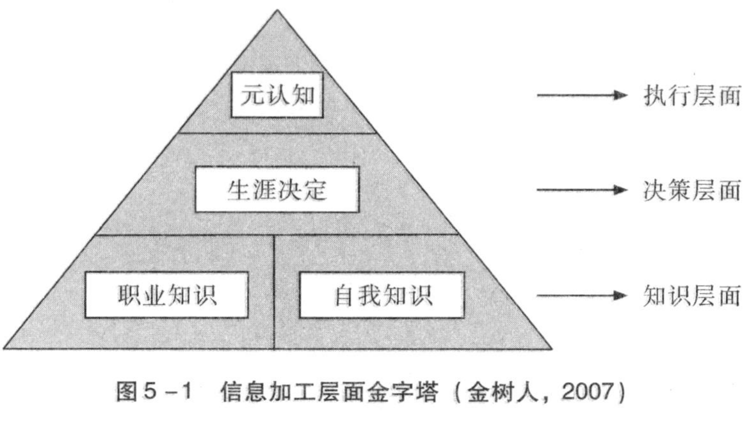

图 5-1　信息加工层面金字塔（金树人，2007）

金字塔的底端为自我知识和职业知识部分，说明想做出好的决策，就要对自己和职业有充分的认知，即要"知己、知彼"。既要对自我的经历、能力、价值观、兴趣、决策风格等个人信息有较为充分的了解和掌握，又要对职业环境进行较为全面而周详的信息收集，充分做到对自己和职业的充分挖掘，及自己和职业是否相匹配的认知。对职业知识的探索是多途径的，如自我的实习工作经历、社会实践、朋辈对职业的描述、社会舆论中对职业的认可或评价、有关职业知识介绍的相关书籍等等。而对自我的认知也可以通过有针对性的测评工具、自我陈述及他人评价等方法获得。

在金字塔的中间层是运用技能解决决策问题的过程部分，此处要运用到的决策技能是 CASVE 循环决策。CASVE 模型的 5 个模块分别代表了做决策的 5 个基本步骤（见图 5－2）。

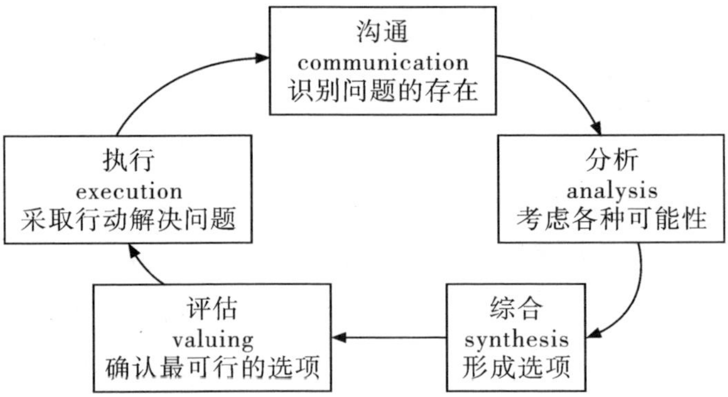

图 5－2　生涯决策 CASVE 循环

1．沟通（communication）

目的在于发现理想和现状的差距，及时察觉和调整因为差距而产生的身体或情绪的消极信号，冷静地分析诱发差距的主要原因和当前要解决的重要问题，为进入下一个阶段做准备。

2．分析（analysis）

在这一阶段，个人需要花时间思考、研究、比对当下所获得的所有自我知识和职业知识，对目前的综合情况做一个现状评估，提出可能成为决策的几种方案。回顾自我的决策风格，为进入下一阶段做铺垫。

3．综合（synthesis）

依次利用发散思维和聚合思维，综合上一步的分析结果，先扩大解决问题的策略选择，再筛选出最有利于解决问题或者消除差距的行动方案。在扩充策略清单时可以集思广益，利用头脑风暴法，在筛选并决定阶段要遵循细化和具体化的原则，将理想目标策略数量确定为 3 ～5 个。

4．评估（valuing）

进入此阶段后，由于要在已经具备的方案中做出取舍并排序，而取舍和排序的依据要根据对这些方案的评估取得。当事人要理清每一种方案对于自我或者周围人和环境的影响，根据能否解决 CAVSE 循环第一步中所确定的问题，缩短现实与理想的差距，对已经有的候选策略进行筛选和排序。在抉择和取舍的过程中，内心会发生较为激烈的冲突，而如果经过评估，备用方案失败后，可以重新进入 CAVSE 循环，重走决策的历程。

5. 执行（execution）

这一步是将计划转为现实的重要步骤，即“执行我的决策”过程。要想将之前的目标转化为现实，当事人需要根据自己的实际情况、抗压能力、现实风险、截止时间、经费预算等做一系列“私人订制”，将之前的“纸上谈兵”转为“真枪实弹”。

在使用 CASVE 循环决策模型时要注意的是：CASVE 模型是循环往复的，而不是走完模块就终止的。换句话说，在你认为决策路径走不通，或者作为一个完整循环，仍没有明显缩短自我现实与预期目标的差距时，可以反复利用这五步重新决策。这样的情况与现实中做决策时个人遇到冲突矛盾后，重新调整决策或者重新思考，以期最大程度实现目标的实际情况是相符的。

模型的顶端层为元认知，是决策执行加工领域，主要做认知察觉或者认知校对，对个体所经历的决策过程做一种综合性监督，换句话说，是执行“自省”的功能。

生涯决策的步骤有四个点特性：

（1）生涯决策是一个选择与放弃的过程。每个抉择情境都有两个以上的选择可能，决策者必须选择其一，对于每个决策所带来的后果，决策者都必须承担。

（2）每个决策都有优点及缺点，这些与人格特质及个人成熟度有关。事实上，每条路都会有挑战，每个人主观与客观认知的阻碍都不相同，是否走得过去，要看个人的抉择与努力。

（3）个人的风险偏好和性格决定生涯决策的路线。你的倾向是保守路线，还是冒险路线，取决于你的风险偏好和性格，当然，高风险与高回报总是相伴随的。

（4）生涯决策没有正确的答案。生涯决策通常都在不确定的情况下进行，每个不确定性，都可能引发下一个不确定性。生涯的魅力就在于没有标准来衡量你的对错。

（四）生涯决策常用方法

1. 平衡单法

平衡单主要是将重大事件的思考方向集中到四个主题上：自我物质方面的得

失、他人物质方面的得失、自我赞许与否（自我精神方面的得失）、社会赞许与否（他人精神方面的得失）。其使用前提是决策人已有备选职业或者备用决策，苦于无法取舍。

决策人可以在以上四个主题中选择对自己意义重大的因素，在对这些因素设置权重的基础上进行打分计算，最终根据得分执行最优先的选项（见表5－5）。

表5－5　职业生涯决策平衡单表（曲振国，2008）

主题	考虑因素	权重分值	选择一		选择二		选择三	
			得＋	失－	得＋	失－	得＋	失－
个人物质方面的得失	1. 收入 2. 工作的难易程度 3. 升迁的机会 4. 工作环境的安全 5. 休闲的时间 6. 选择工作任务的自由度 7. 对健康的影响 8. 就业机会 9. 其他（如工作接触的人群类型等）							
他人物质方面的得失	1. 家庭经济收入 2. 家庭社会地位 3. 与家人相处的时间 4. 家庭环境类型 5. 可协助组织或团体 6. 其他（如家庭可享有福利等）							
个人精神方面的得失	1. 生活方式的改变 2. 成就感 3. 自我实现的程度 4. 兴趣的满足 5. 工作的创造性和挑战性 6. 社会声望的提高 7. 达成长远生活目标的机会 8. 其他							

续表 5-5

主题	考虑因素	权重分值	选择一		选择二		选择三	
			得+	失-	得+	失-	得+	失-
他人精神方面的得失	1. 父母 2. 朋友 3. 配偶 4. 师长 5. 同事							

平衡单使用方法如下：

（1）决策人在四个主题下列出需要考虑的各个因素（一般情况下越多越好，越具体越好，可以在其他因素中补充）。

（2）决策人根据各个因素对自己的影响进行权重打分（1～5分），对自己影响越大，打分越高。

（3）在需要进行决策的职业选项下，考虑刚刚列举出的因素得失程度进行打分（-5～5分），在进行每一次打分时，心中可以进行以下独白："如果我选择了……职业，我会收获……我会失去……"

（4）对所有选项进行分数核算，核算时先用每行加权分数乘以对应权重，再算出每行加权得分总分，正加权得正值，负加权得负值，每个选项的正负加权值相加得出总分，优先执行得分最高的选项。

【课堂活动】平衡单使用前的内心独白

决策者第一步采用的是一个开放性的心理自白方式，在心理自白中决策者要如实说出心里觉得最重要的几个选择，以及这些选择可能导致的不同结果。可以试着自问以下问题：

（1）我对将来寻找工作这件事怎么认识，有没有明确、具体的计划？

（2）我曾经考虑过各种职业意向，可不可以将最近几个月来仔细考虑过的职业列出来？

（3）能否将几个自认为最合适的职业按先后顺序列出来？

（4）现在，将注意力集中在两个最优先考虑的职业________和________，这两种职业各有什么优点和缺点？

①先从选择的第一个职业开始：________。试着想想看，选择这个职业可能

具备的优点和缺点有哪些？

②好，现在再看第二个选择，________。选择这一个职业的话，会有哪些优点和缺点？

(5) 假设现在自己必须下决心做最后的决定，你觉得如何？

现在自己要做的是分析一下有关做最后决定的各种想法，以便做出对自己最有利的决定。

来源：http：//blog. renren. com/share/224061813/6498940254。

2. SWOT 分析法

SWOT 分析法能让决策者在较为全面分析个人和职业环境的基础上，更清晰地认识自己的生涯机会，从而根据社会就业市场的状况和个人的情况作出最佳的决策。具体使用方法详见第四章。

在个人案例中使用 SWOT 分析法，可以参照表 5－6 中所示分类方法。

表 5－6　个体职业决策中的 SWOT 矩阵（杨英、龙立荣，2005）

	优　势	劣　势
外部因素	指个体可控并可利用的内在积极因素： • 工作经验 • 教育背景 • 丰富的专业知识和技能 • 特定的可转移技巧（如沟通、团队合作、领导能力等） • 人格特质（如职业道德、自我约束、承受工作压力的能力、创造性、乐观等） • 广泛的个人关系网络 • 在专业组织中的影响力	指个体可控并可以努力改善的内在消极因素： • 缺乏工作经验 • 学习成绩差，专业不对口 • 缺乏目标，且对自我的认识和对工作的认识都十分不足 • 缺乏专业知识 • 较差的领导能力、人际交往能力、沟通能力和团队合作能力 • 较差的寻找工作的能力 • 负面的人格特征（如职业道德败坏、缺乏自律、缺少工作动机、害羞、情绪化等）
	机　会	威　胁
内部因素	指个体不可控但可以利用的外部积极因素： • 就业机会增加 • 再教育的机会 • 专业领域急需人才 • 由于提高自我认识、设置更多具体的工作目标带来的机遇 • 专业晋升的机会 • 专业发展带来的机会 • 职业道路选择带来的独特机会 • 地理位置的优势 • 强大的关系网络	指个体不可控但可以使其弱化的外部消极因素： • 就业机会减少 • 由同专业的大学毕业生带来的竞争 • 具有丰富技能、经验、知识的竞争者 • 拥有较好的寻找工作技巧的竞争者 • 名校毕业的竞争者 • 缺少培训、再学习造成的职业发展障碍 • 工作晋升机会十分有限或者竞争激烈 • 专业领域发展有限 • 公司不再招聘与你同等学力或专业的员工

案例

小L是某重点师范大学商务英语专业大三学生，家庭经济条件一般，学习成绩中等，在校担任学生干部工作三年。由于小L是该校第一批商务英语专业学生，之前没有师兄师姐的就业经验作为参考，因此她对自己的职业前景十分焦虑。她很喜欢自己所学的商务英语专业，想进入外贸公司从事文秘工作，为此，在大学期间，她考取了商务英语相关的基础资格证书。但是由于该校以师范专业闻名且开设商务英语专业较晚，商务英语专业学生的就业竞争力、社会认可度和专业能力同其他非师范性院校相比较弱，父母希望女儿找到一份比较稳定的工作。而小L的一位同学说，其实他们也可以以社会人员身份考取教师资格证，走入中学教师的应聘行列，成为一名中学教师。以下是小L使用平衡单和SWOT分析法对自己目前个人状态的分析和展示，你同意她的决策吗？

生涯决策平衡单结果：

选择项目 / 考虑因素	权重	选择一 外贸公司文员		选择二 教师	
	1～10	加权分数（+）	加权分数（−）	加权分数（+）	加权分数（−）
个人物质方面的得失					
收入	8	4		3	
工作的难易程度	5	3		3	
升迁的机会	7	3		3	
工作环境的安全	10	4		4	
休闲的时间	7		−4	4	
选择工作任务的自由度	6		−3		−2
对健康的影响	7		−2	2	
就业机会	9		−4	3	
他人物质方面的得失					
家庭经济收入	9	5		4	

续上表

选择项目 考虑因素	权重	选择一 外贸公司文员		选择二 教师	
	1～10	加权分数 (+)	加权分数 (-)	加权分数 (+)	加权分数 (-)
家庭社会地位	5	2		5	
与家人相处的时间	5		-4	3	
家庭环境类型	5	2		3	
家庭可享受福利	5		-3	3	
个人精神方面的得失					
生活方式的改变	6	4			-2
成就感	7	4		3	
自我实现的程度	8	4			-3
兴趣的满足	8	4			-3
工作的创造性和挑战性	5	3			-3
社会声望的提高	6	3		4	
达成长远生活目标的机会	5	4		3	
他人精神方面的得失					
父母	8	3		5	
朋友	5	3		3	
配偶	7	3		3	
师长	5	3		4	
同事	5	3		3	
合计		432	-131	446	-87
总分		301	359		

SWOT 分析法结果：

外部环境 / 分析（O. T.） / 自身条件	机会（O）	威胁（T）
	(1) 随着市场经济对外沟通和发展的需要，商务英语人才必将有大量的个人发挥空间和市场需求。 (2) 所在院校为重点师范型院校，社会认可度高，英语专业基础师资力量雄厚，方便个人专业转型。 (3) 可以借助在校相关课程学习经验，以社会人员身份获得教师资格证书。 (4) 随着国民对教育的重视程度提高，教师薪金待遇、社会地位与日俱增。	(1) 可供借鉴之求职经验较少，对商务英语岗位的个人要求不明确。 (2) 同省其他院校商务英语专业毕业生竞争激烈。 (3) 外贸公司激烈竞争式的工作方式与师范型校园文化环境相差较大，工作压力不小。 (4) 父母不支持自己在外贸公司从事文秘工作，且家族内没有成员有从事类似工作的经历。 (5) 家庭经济条件一般，对个人就业薪酬要求较高，需要较为稳定的收入。
优势（S）	优势机会策略（S. O.）	优势威胁策略（S. T.）
(1) 个人学习能力较强，人际交往能力较好，有社团工作经验。 (2) 本科专业学习阶段对师范类课程和商务类课程都有所涉及，考取了商务英语相关的基础资质证书。	(1) 可以首先考取教师资格证书。	(1) 强调自己的在校学生工作经验及人际交往能力。 (2) 强调自己本科专业知识的积累及商务英语相关资质证书。
劣势（W）	劣势机会策略（W. O.）	劣势威胁策略（W. T.）
(1) 师范型院校毕业，没有丰富的实习经历。 (2) 不了解岗位实际要求和师范型校园商务英语专业培养与其他院校的差距。	(1) 继续借助师范型院校学生在就业市场上较为优秀的口碑，寻找和自己大学校园气氛和个人较为吻合的工作岗位。	(1) 多渠道了解自己与同省其他院校商务英语毕业生的差距。 (2) 尽快找到外贸公司的实习岗位进行职前探索。
总体结论：把首要目标放在教师岗位的应聘及岗位要求相关资质的学习上，过程中不放弃对商务专业人才走向进行关注和思考。		

（五）克服职业选择中的非理性因素

如果把做职业生涯规划比作是在人生茫茫大海上为自己开拓航线，那么我们辨别方向的罗盘首先要可靠。这里我们用以指导方向的罗盘，就是我们的个人信念和信念支持下的行为。林肯说过："喷泉的高度不会超过它的源头；一个人的事业也是这样，他的成就绝不会超过自己的信念。"信念的正确与否至关重要，在职业选择和生涯规划中，我们一定要克服一些常见的非理性因素（见表 5－7）。非理性因素一般有以下特征：

（1）绝对化要求。例如，"我必须要找到一份稳定的工作"。

（2）容易轻言放弃。例如，"这次应聘我失败了，我不是一个出色的人"。

（3）不堪忍受。例如，"这种事情怎么会发生在我身上"。

（4）过度化概括。例如，"我面试教师不成功，我不适合当教师"。

表 5－7　常见非理性职业生涯信念分类（谢宝国、夏勉，2013）

非理性生涯信念分类	具体非理性信念	典型表现
对待职业生涯规划的态度	计划不如变化快	我为什么要计划，世界时刻都在变化。
	精确化迷思	我开始就要计划好一切。
对于辅助者的非理性信念	测验迷思	我认为我是开朗的人，测验结果显示我不是，真是好郁闷。
	专家迷思	我去找咨询师应该就能解决一切问题了吧？
对于职业决策的非理性信念	单一事件迷思	职业决策大学毕业时就要做好，以后就可以不用理了。
	时间流逝迷思	船到桥头自然直，到时候再说吧。
	及早定向迷思	我觉得我适合当医生，我一定会成为医生。
	理性迷思	测试显示我适合从事精细工作，我就认了吧！
对于工作的非理性信念	完美工作迷思	这个工作不适合我，一定会有一个完美的工作等着我。
	工作—生活的核心迷思	我人生的成功一定是取决于我事业的腾飞，我要更投入地工作。

续表 5 -7

非理性生涯信念分类	具体非理性信念	典型表现
对于成功的非理性迷思	只要有兴趣就能表现良好迷思	我当然不擅长人际交往了，因为我不喜欢。
	机会与环境迷思	室友能找到比我好的工作，当然是他的运气比我好喽！
	只要努力就能成功迷思	虽然我不喜欢，但只要我努力就会成功。
	目标二分化迷思	我的目标只有一个，就是成功，否则我就输掉了人生！

生涯规划学者克朗勃兹（Krumboltz）认为，生涯选择和发展的非理性因素是影响设定目标和做满意选择的主要障碍。每一个个体要通过自我观察和类化世界观来过滤生活事件和信息，让自己受到正向增强及正向角色楷模的影响。也就是说，人不是什么都行，也不是什么都不行。要排除那些阻碍自己向前发展的消极观念（如我怕我在这个行业中干不好；如果我考不上研究生，那我一切都完了；等等），建构积极的思维行为模式，朝着自己选定的目标坚持不懈地走下去，这是走向成功最好的选择。

解决非理性信念影响的方法有三种：外化问题，即问题是问题，我是我；遇到问题时不害怕、不退缩；接纳不能改变的部分。

案例：只选一把凳子

世界歌坛艺人帕瓦罗蒂少年时曾在一所师范学校读书，他爱教师这个职业，但同时也喜欢唱歌。毕业之际，他问父亲："我是当老师呢，还是做个歌手？"父亲将两把椅子并在一起，对他说："如果你想同时坐在两把椅子上，你可能会从椅子中间掉下去。生活要求你只能选一把椅子。"结果帕瓦罗蒂选了一把"椅子"——唱歌，把毕生精力献给这项事业，并矢志不移，终于成就不凡。

"只选一把椅子"，才能不再左顾右盼，才能集中所有的力量和心思去实现所定下的目标。

来源：http：//qclz. youth. cn/lzrs/201401/t20140129_4601478. htm。

拓展阅读：是否需要逃离“北上广”？

对学生来说，“就业”是“高考”后最值得关注的主题。很多同学在大一、大二甚至报志愿前就已经着手规划未来的职业生涯：做哪行？发展路径怎样？在哪里工作？

逃离“北上广”的现象或将蔓延到更多大学生身上。由上海交通大学公共关系研究中心、上海交通大学社会调查中心联合发布的《2014年中国大学生城市形象及择业倾向调查报告》显示，受访大学生中，选择在二线城市发展的比例最高，为57.2%；其次是“北上广”，占比29.5%；选择三线城市的比例为9.4%；选择国外、港澳台、乡镇和四线城市的比例分别为6.6%、3.1%、1.6%和1.5%。

来源：http://www.gd.xinhuanet.com/newscenter/2014－07/10/c_1111546471.htm。

第二节　职业生涯规划书的撰写

导演拍戏时需要依托剧本，我们的人生也需要一个“剧本”——职业生涯规划书，让自己可以整理思路、明确未来的发展方向和后备方案。这就需要了解职业生涯规划书的撰写方法。

一、职业生涯规划书的内容及注意事项

一份较为完整的职业生涯规划书包括以下八个部分：

1. 标题

包括撰写人姓名、履行规划书内容所需要的起止时间。在撰写职业生涯规划书的前期要重视撰写职业生涯规划书的意义。职业生涯规划书不同于普通的计划书或者规划书，也不是为他人欣赏而打造的“样板工程”。职业生涯规划书是决策者根据自身实际情况为自己量身打造的职业发展路径，对今后职业目标的实现有决定性的作用，甚至可以说是下一段幸福人生的指南。因此，在起草职业生涯规划书的初期，要高度重视规划书的真实性和可行性，体现在规划书上的每一条路径、每一个方法、每一种思考都应是实事求是、谨慎周密的。以这样心态写出的职业生涯规划书才有意义和价值。

2. 目标描述

包括从业方向和路径、人生长期目标、阶段性目标。职业目标的确定是基于自我及外部环境探索的基础，主要取决于个人的价值观，目标的确定要与个人兴趣、能力及职业匹配，要把个人的发展目标放到适合个人的大环境的背景下，发挥自己的最佳才能、最优性格和最大兴趣。目标的设立要重点突出，避免面面俱到的求全情况。

3. 个人分析

包括对个人较为全面的性格、兴趣、价值观、能力方面的分析。包括性格探索、兴趣探索、技能探索和价值观探索四个方面。做个人分析时，要把注意力放在与职业相关的个人探索上面，其他个人特点无需赘述。不要过分依赖测评结果，要根据个人情况进行动态分析。与个人分析相关的职业生涯理论中常用的方法匹配如表 5 – 8 所示。

表 5 – 8　个人分析的常用方法及理论

探索维度	探索方法及相关理论
个人性格	MBTI（Myers – Briggs Type Indicator），自我反思法，360°环评测试
兴趣探索	霍兰德类型理论（Holland Theory）
技能探索	多元智能理论（The theory of Multiple Intelligences）
价值观探索	马斯洛需求层次模型，价值观分类卡，价值观拍卖会

4. 环境分析

包括对社会经济、政治、文化大背景，将要从事的行业发展现状和趋势，自我职业目标与环境的关系的分析。此部分的撰写需要建立在充分调研和考察的基础之上，调查的维度见图 5 – 3。获取信息的渠道通常有招聘信息分析、生涯人物访谈、校友经验总结、他人经验借鉴、招聘现场观察、企业参观座谈、行业发展调研、实习兼职体验、职业角色模拟、职业资质培训、行业协会交流等。社会环境和职业环境了解得越透彻，这两者之间的结合点就可以找得越准，对自己职业选择和决策参考的作用就越大。

- 环境分析
  - 社会环境整体分析
    - 家庭环境分析
      1. 个人性格、品质的形成
      2. 个人成长受家庭环境的影响
      3. 家庭经济状况、家人期望、家庭文化因素对就业观念影响
    - 学校环境分析
      1. 学校教学特色与优势
      2. 专业优势与劣势
      3. 往届毕业生或校友在某个领域的影响力
      4. 学校社会声誉及办学认可度
    - 社会环境分析
      1. 社会政治、经济、法律、科学、文化等大环境
      2. 政策对职业的影响及前景预估（人事政策、劳动政策）
      3. 社会知识经济和信息化变迁影响
      4. 社会价值观
      5. 社会技术发展对职业领域的影响
  - 职业环境整体分析
    - 职业环境分析
      1. 理想职业/行业组织规模和结构
      2. 理想职业/行业相关政策和制度
      3. 理想职业/行业人力资源需求与管理状况
      4. 理想职业/行业教育培训、薪资和福利、工作评估等
      5. 理想职业/行业工作设施设备条件和工作环境
    - 职业/行业分析
      1. 理想职业/行业在当前社会大环境中的发展状况
      2. 理想职业/行业未来发展趋势
      3. 理想职业/行业优势与劣势
      4. 理想职业/行业岗位设置及技术要求
      5. 理想职业/行业地域分配
      6. 理想职业/行业就业形势、稳定性及迁升展望
    - 从业人员分析
      1. 从事理想职业/行业典型工作者人格特质
      2. 从事理想职业/行业工作者的年龄、性别比例等生理指标
      3. 从事理想职业/行业工作者的优势与劣势
      4. 从事理想职业/行业工作者个人满意度
      5. 从事理想职业/行业工作者技能需求
      6. 从事理想职业/行业工作者对该岗位发展的展望预测

图 5－3　环境分析内涵

5. 目标分析

根据以上几项分析，确定选定目标的原则和理由，进行目标的拆解与组合。根据个人兴趣、能力、环境等现实情况，可为自己设立 1 年以内的短期目标、2～5 年的中期目标及 10 年以上甚至一生的长期目标。目标管理常用 SMART 法则，具体来说，比较好的目标需要同时满足以下五个条件：

（1）明确性（specific）。要想成功，目标要设置得明确、具体，切忌模棱两可。

（2）可衡量性（measurable）。目标实现可以量化，要有相应的考核系统或者量性指标显示目标是否达成，是否可以进入下一个阶段。

（3）可达成性（attainable）。目标可行才有价值，切忌天马行空，在设置目标时要明确经过个人努力和坚持，目标可以实现。

（4）相关性（relevant）。不同阶段之间的目标要有相关性，应该前后呼应，完成一个目标是为了下一个目标的实现，不能将各个阶段的目标孤立出来。

（5）时限性（time－bound）。目标设定要有时间限制，即要在既定的时间内完成相应的目标，及时掌握自己所指定的行动计划的进程，方便及时根据变化调整行动方案。

6. 实施方案

包括实施目标的具体途径、方法、时间安排。没有行动的计划是“竹篮打水一场空”，个人在规划时要把落实目标的行动方案具体化，例如在什么阶段解决什么问题、需要如何行动、如何衡量目标完成情况都应有具体的说明。决策制定者要明确自己所有的行动都是为了缩短目标差距，实现规划书中出现的每一个目标，并最终达成长期目标。

7. 评估与调整

对自己撰写的职业生涯规划书进行可行性分析，确定目标实现的可能性，对实施路径进行调整和修正，制订目标无法实现时的修补方案。人和社会的发展是动态的，因此，职业生涯规划也应进行动态的调整。首先，评估结果应真实有效，既要考核是否完成既定目标，又要预测目前行动方案是否与实现下一目标有偏差，找出可能造成偏差的原因和潜在风险。其次，调整要切实可行，要在不动摇实现基本目标的前提下微调行动方案，针对目标偏差原因和潜在风险制订应对方案。

8. 监督人或监督体制

此部分要写明在整个方案实施过程中辅助监督的同伴、师长或切实可行的监督体制，其作用在于帮助和监督决策人按照自己生涯规划书中的步骤和内容向目标靠近。规划制订人需要找到了解自己规划目标及行动方案的监督人，或设置一套有针对性的灵敏的监督反馈体制，在规划书中要体现出此监督人及监督体制的可依赖性，保证监督人或监督体制在生涯规划过程中可以发挥相应作用，确保目标实现。

二、职业生涯成功的评价及标准

1. 主观和客观生涯成功评价法

职业生涯成功与否的评价有两个维度，一个是对客观生涯成功的评价，一个是对主观生涯成功的评价。客观生涯成功是指个体在职业生涯中获得的能由公正的第三方观察、衡量、证实的成果，如社会地位和阶层、物质（财富、赚取收入能力）、社会声望和影响、知识和技能、人际关系和网络、健康和幸福（Nicholson，2005）；主观生涯成功是指个体从本身出发，在对个人影响较大的职业生涯维度上进行内心主观的评价，如对成就的自豪感、内心的工作满意度、自我价值感、对工作和组织的责任感、良好的关系、道德满意度等（Nicholson，2005）。在对职业生涯进行评估时，这两个方面缺一不可。

2. 过程评估法

由于客观生涯成功和主观生涯成功是两个“结果量”，两者之间的互动关系也没有明确的特征，有学者提出可以用人的职业“成长性”作为切入点进行评估，主要评估职业生涯的“过程成功”，其内涵包括：

（1）个体在职业生涯发展的一定时限内，相对于起点所表现出来的优秀心理品质，如信念、勇气、坚韧和创造性等。

（2）个体在职业生涯中的正当性和价值性，即个体的成功不是靠投机，而是靠自己的努力获得。

（3）个体在取得职业成功的难度跨越性，难度跨越越大，说明个人在实现职业生涯成功中要面对的困难和障碍越多，个人所体现的成长性就越强。

（4）个人在取得职业成功的速度越快，职业生涯相对越成功。

3. 三维度融合的评价新标准

职业生涯成功的新评价标准应该既包括客观成功、主观成功，又要有过程成功，三者构成一个有机整体，彼此促进，缺一不可，组成了职业生涯成功新评价标准的概念框架（见图5-4）。这种三维度融合的评价新标准，倡导采用积极正当的手段和方式，培育良好的心理品质，以快速赢得职业生涯成功。每个人的职业发展中，外在的薪酬、职位升迁很重要，但是个人内在心理品质、对生命意义的体验和精神上的满足也不容忽视，只有同时满足主观标准、客观标准，并有良好成长性的职业才能开启人生职业幸福的大门。

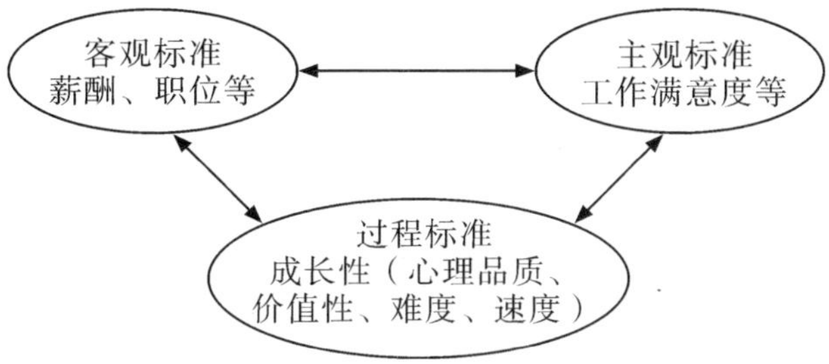

图5－4　成功职业生涯的衡量标准

第三节　生涯平衡

电影《狮子王》中有一句经典的台词："世界上所有的生命都在微妙的平衡中生存。"保持生涯的平衡，将有利于提高生涯的满意度。

一、生涯平衡概述

（一）每个人都需要平衡

如果没有工作与生活的平衡，生活中许多欢乐、美妙和伟大的事就容易被错过。如果你的大多数时间都是用于工作、奋斗和获得成功，并且你所谓的自由时间是用来进行激烈的对抗性游戏或努力地完善自身和关系网，也许你只剩下很少的时间和精力去欣赏你的成就，去给自己留一些自然的、宁静的、简单的存在状态——对于生命来说，这如同空气、水和笑声一样重要。

（二）兴趣与工作间的平衡

兴趣和工作如果可以合二为一是最好的，这也是获得职业生涯成功最理想状态的基础。当我们所做的事情是自己所热爱的时，金钱和其他方面的回报都会向我们聚拢。但大部分情况下，我们所从事的职业不完全与我们的兴趣点匹配。这时就需要平衡和决策的技巧。例如在工作之余，花些时间在培养自己的爱好上，丰富自己的生活，净化心灵。

（三）工作和生活之间的平衡

繁重的工作和快节奏的生活方式容易让我们无所适从，而每个人在生活中都要扮演不同的角色，如职业中的我、自我、社会与家庭中的我，这些角色都需要平衡。

总而言之，生命不能只有唯一的主题。在现代化的社会里，生活中也不可能事事完美，每一个人都需要学会取舍和平衡。

拓展阅读：保持生涯平衡

人的精力是有限的，而职业生涯规划和人生一样是分阶段的，每个阶段要做好每个阶段的事情，不同角色要做好不同角色的本份。淋漓尽致过平衡满足的人生会同时扮演不同的角色，这些角色和生活工作之间如何平衡也成了现代人面临的问题。澄清价值观，明确每个阶段的人生最想实现的是什么，如初入职场的人员能拥有的职业选择是有限的，这个有限是相对于你想实现的东西而言的，这个时候你要想清楚，在这个阶段你最需要实现的是什么。如果经常性的加班已经成为生活的常态，如果工作压力大影响你的休息，如果工作多得让你筋疲力尽，只能通过参加健身来维持自己的精力和身体的健康，这时你就需要进行反思，工作和生活之间应如何协调。我们初入职场的时候，往往会只关注工作，希望能尽快在工作中取得一些成绩。我们会为此牺牲休息、健身和陪伴家人的时间，因此我们要积极地调解心态，工作是为了更好地生活，而不是生活的全部。因此，我们要做好不同人生阶段的规划，同时提升自身的管理能力。一方面，我们要提升时间管理的能力，让我们的效率提高以获得更多的时间。例如，以前 30 分钟的工作以效率提升的方式用 10 分钟去完成。另一方面，我们可以在明确自身的要求和愿望后，将任务分解在每一天，使自己保持一种持续的活力。

或者你还可以做以下尝试：

（1）下班后将自己的手机调为静音或飞行模式。

（2）放下手机去陪伴家人，与家人一起做些好玩的事情。

（3）报名一个职业生涯规划课程，提升自己对职业生涯的管理能力。

（4）提高各项活动的效率。

（5）保持有氧运动。

来源：古典．适合比成功更重要．北京：中信出版社，2013.（有删减）

案例：用另一种方式在生活和工作中平衡

钟小姐原就职于北京某高校就业指导教研室。她对心理学和职业培训颇有研究，当她发现自己在工作上除了要兼顾自己的研究方向，同时要应对学校的各种任务时，她的内心无法平静，这种生活和工作的状态都不是她想要的。

在经过全面的分析并与家人沟通之后，她毅然决然地从高校辞职，做了一名自由职业者。在工作经过一个阶段之后，她就会通过旅行、参加修身课程得到方向平衡自己的生活。现在的她已经拥有自己的工作室，做着自己感兴趣的工作。听从内心的声音选择生活，把握生活的节奏，无疑是一个将生活与工作平衡的例子。

二、实现生涯平衡的方法

（一）生涯四度法

工作既有竞争，又有合作，如何实现平衡，创造更强大的平衡感？这里为大家介绍生涯四度理论。

生涯可分成四个维度：高度、宽度、温度和深度。高度意味着个人在社会中能达到与掌握的地位、权利与影响力。宽度是指在不同的领域涉猎，并将其发展成自己的事业，且不同的角色之间相互平衡。如刘德华，除了做歌手、演员，还做制片人、导演，将多种身份和角色融合在一起。温度是指每个人对生命的热忱，对生活的热爱与激情。深度是指人们在思想、智慧、艺术与体能上达到的卓越与精进程度。

【课堂活动】

假设你的生涯四度分别都做到 80 分，总分是 320 分。你希望自己每个维度的投入程度是多少呢？

在分数最高的那一项，你打算从哪个部分开始做起呢？

在分数最低的那一项，你打算从哪个部分开始做起呢？

（二）生涯平衡轮

生涯平衡轮（见图 5－5）结合了左脑（分解及分析）和右脑（整体图像、

感受、直觉）的优势，经常能够让分析者有比较深的觉察。

图5－5 生涯平衡轮

1. 生活平衡轮

生活平衡轮是对分析者当前生活状态的一个“快照”，帮助分析者全面审视自己当前的生活状态。在分析者对每一个自己的生活领域进行满意度评估后，可画出属于自己的平衡轮，可以用以下的问题问自己（见图5－6）：

（1）你有什么发现？

（2）你最希望哪几个领域有所改变？

（3）你希望有什么样的改变？

（4）你要怎么做才可以实现这些改变？

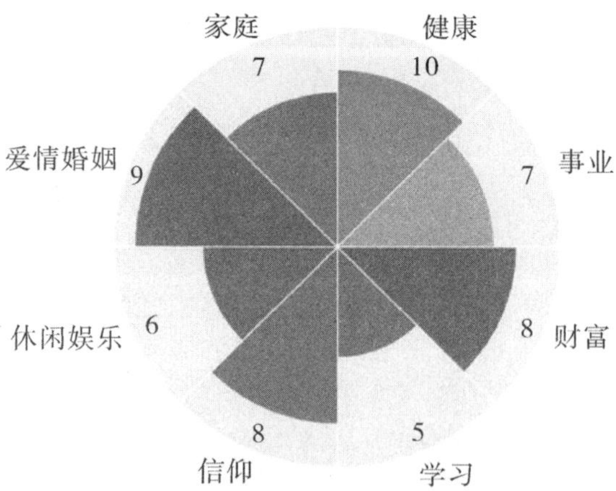

图5－6 生涯平衡轮举例

2. 双轮矩阵

双轮矩阵（见图5－7）是由亚洲大师级教练郑振佑（Paul Jeong）博士研发出来的一个教练工具。生活平衡轮、工作平衡轮都是一个“静态”的状态，而双轮矩阵则可在聚焦目标的前提下，通过对上一时间周期行为的反思，制订下一周期的行动计划。因此双轮矩阵是一个动态的工具。

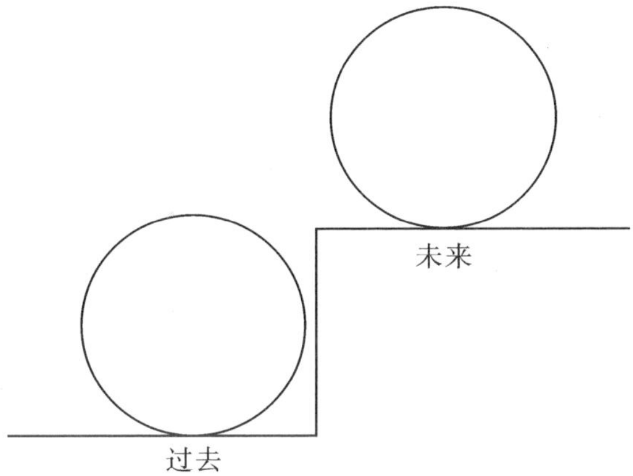

图5－7　双轮矩阵

（三）重新定位成功

如果要实现生涯的平衡，首先要理清自己是如何看待成功和幸福。如果你想要的成功意味着被认可和富有，并且获得这些的代价是牺牲你的家庭、友谊、健康，这样的成功还值得拥有吗？

畅销书作家奈吉尔·马什（Nigel Marsh）曾在TED做过主题为“如何实现工作与生活的平衡”的演讲。他认为，要在一天之内完成自己所有认为可以平衡自身生活的愿望是很难的。但我们可以把时间单位拉长，来衡量我们期望的平衡，而这一拉长也不是没有限度的，比如，你最好别说：“我会享受生活的，当我退休了，当子女也都独立，当妻子已弃我而去，当我的身体大不如前，当我已没有朋友，也没有任何兴趣爱好。”一天太短，退休又太长。肯定会有折中的办法，例如，每天空出一些时间来做自己感兴趣或者让自己感觉放松的事情。

生涯平衡并不是要大张旗鼓地去做某一件事情，而是可以选择在适当的地方，做些小小的投资，你就能极大地改善你的人际关系和生活质量。例如，全身心地陪伴家人或给自己一些独处、思考的时间。有个学生在做团体辅导的时候就提到自己有时候会发发呆，他自己觉得发呆也挺好的，世界好像安静了下来，有一些思维的火花会出现，内心又感觉到力量。

拓展阅读：工作与生活间的平衡点在于灵活控制

在圆满的人生和充满悔恨的人生之间有五个因素会产生重大影响。

在梦想每周工作4天和你正变成一周工作7天的工作狂之间是一种称之为工作生活平衡的虚幻概念。

与流行的看法相反，在工作与娱乐之间达到某种平衡是可以实现的。事实上，如果你知道如何着手，你就会比你想象的更能控制此事。

以下就是能在圆满的生活和充满悔恨的生活之间产生重大影响的五个因素。

1. 存在一个最佳平衡

如果你太过努力工作并完全忽略了生活，你将会非常痛苦。如果你享受的乐趣太多而不赚足够的钱，那么结果也同样痛苦。这些都是极端情况。在两者之间存在一个最佳的点，在这一点上你足够努力地工作，赚足够的钱，而且还玩得开心。这个最佳点对于每个人来说都是不同的——但是它确实存在。

2. 都是关于你的目标

如果你的目标是拥有一个充实的职业生涯和富足的家庭生活，那么你应该能够实现。这就是我所说的合理的平衡。从另一方面来看，如果你真的想要做成大事，你可能不得不在个人方面做出牺牲才能实现。然后是第三个选择：如果你的目标是玩得愉快，只有在你想要溜冰的时候你才尽可能做多的工作，那么不要指望在你的豪宅里停上一辆法拉利。要这样看：生活都是关于权衡的。

3. 你愿意怎样努力工作去实现它们

一些人想要拥有一切。如果你的目标那么有进取性，那么你可能不得不努力工作很长时间并且要严于律己才能实现它们。这是在工作和生活之间平衡这个问题上人们通常会失败的方面。不管你喜欢与否，如果你不愿意也不能履行诺言，那么目标什么都不是。

4. 如果你喜欢你的工作，这将会对你有很大帮助

你听说过工作犬吗？它们是做各种各样的工作的犬种。牧羊犬、罗特韦尔犬和柯利牧羊犬在工作的时候通常会展现出他们最好的一面。

在另一种生活中一直以来我就是一只工作犬，因为我就是喜欢那样。仍然还是工作，但是我真的喜欢做工作。工作是我生活中巨大的一部分，也是我自己。因为我在年轻的时候努力工作去实现积极的目标，所以现在我要去尝试很多不同的东西。

5. 你不必一周7天24小时都在工作

如今人们在查收电子邮件和推特（Twitter）消息、接电话或回信息的时候很

难抵制住不断的挣扎。但是在我看来，这不是一周 7 天 24 小时地工作的问题，而是屈服于即时满足、需要关注和我们交流超载文化成瘾的特质。

我认识的每一个看似拥有非常舒适和平衡的生活的人都有相对缜密的方法来处理这类事情。他们不会让设备、工具和玩具打败他们。

寻找生活中的平衡是非常主观的事情。这就像是在寻找你喜欢的电影一样。只有在你看过之后，你才能知道你对它的感觉如何。

不是要等到生命的尽头，而是要搞清楚你是否已经达到了平衡，考虑这五个因素并且想出一个对你有效的组合。你比你想象的有更多的控制力。

来源：http：//www. bosshr. com/shownews_40470. html。

思考与练习

1. 我有不理性信念吗？我为什么会有这些不理性信念？
2. 生涯平衡单练习。

考虑因素/选择项目	权重	职业选择 1		职业选择 2	
		打分	加权得分	打分	加权得分
个人物质方面的得失					
收入					
工作的难易程度					
升迁的机会					
工作环境的安全					
休闲的时间					
生活变化					
对健康的影响					
就业机会					
其他					
他人物质方面的得失					
家庭经济					
家庭地位					
与家人相处的时间					
其他					

续上表

考虑因素/选择项目	权重	职业选择 1		职业选择 2	
		打分	加权得分	打分	加权得分
个人精神方面的得失					
生活方式的改变					
成就感					
自我实现的程度					
兴趣的满足					
挑战性					
社会声望的提高					
其他					
他人精神方面的得失					
父母					
师长					
配偶					
其他					

3. 以下是生涯规划中常常用到的五个“what”归零思考法，回答下列 5 个问题，它们将帮助你了解自己及自己心仪的发展方向，为自己的未来构建一张粗略的蓝图。

（1） What am I?

（2） What do I want?

（3） What can I do?

（4） What can support me?

（5） What can I be in the end?

4. 画出自己的生涯平衡轮。

推荐阅读

1. 王嘉陵．决策思维：人人必备的决策口袋书．东方出版社．
2. 郑梭南．工作与生活的平衡．人民大学出版社．

推荐视频

1. 电影：《克莱默夫妇》

第六章　职业素质提升

一个有真正才能的人会在工作过程中感到最高度的快乐。

——歌德

大学生在学期间除了要学习专业知识和技能之外，还需要在社会实践和专业实习中锻炼和提升自己的职业素质。本章将探讨职业素质包含哪些方面、如何培养和提升职业素质两个话题。

第一节　职业素质的内涵与构成

一、职业素质的内涵及分类

（一）职业素质的内涵及特点

职业素质是指从业者在一定的先天生理和心理基础上，受后天的教育训练和社会环境的影响，通过自身的认识和社会实践逐步养成的相对稳定的职场基本品质。

一般情况下，劳动者能否顺利就业并取得成就，在很大程度上取决于本人职业素质的高低。职业素质越高的人，往往越容易获得用人单位的青睐。因此，大学生应该在求学期间努力提升自身的职业素质，为今后步入职场打下坚实的基础。

职业素质包括特定性、内在性、稳定性、复合性与发展性五个特征。

1. 特定性

不同的职业所要求的素质是不同的。以教师和销售人员为例，在专业知识和技能素质上，教育学是每位未来教师从业人员的必修课，而营销管理是未来销售人员的主要必修课。

2. 内在性

职业素质是在先天素质的基础上，经过后天的培养和锻炼内化而来的职场素质，这种有意识的积淀和升华，体现出了职业素质的内在性。因此，职业素质一旦养成，会不知不觉表现在职场的各类行为中，深刻影响职场人员的生涯发展。

3. 稳定性

既然职业素质是长期内化的结果，那么它一旦形成，便具有相对的稳定性。例如，一位儿科医生，经过一段时间的积累，就会逐渐形成自己的问诊风格，如何细心观察，怎样和小患者更好地交流，根据检查结果和经验准确判断等一系列的职业素质都保持相对的稳定。当然，稳定并不代表保持不变，随着工作环境的变化和工作内容的更新，职业素质也可逐步提高。

4. 复合性

职业素质包含思想道德素质、科学文化素质和专业技能素质等多个方面，是综合品质的体现，因此具有一定的复合性。评价一个人职业素质的高低，往往是看其综合素质的好坏。越强的职场综合素质意味着职场生涯将发展得越好。

5. 发展性

随着影响职业素质的因素，如受教育程度、实践经验、工作经历以及自身状况等的发展和变化，要求职业人在现有基础上，不断提高和完善自身的职业素养，以达到平衡的状态。因此，职业素质具有发展性。

（二）职业素质的分类

职业素质包含身心素质、思想政治素质、职业道德素质、专业知识和技能素质、科学文化素质、人际交往与社会适应素质（见表6－1）。

表6－1　职业素质分类表

类　别	内　涵	解　读
1. 身心素质	指生理的健康以及认知、感知、记忆、想象、情感、意志、态度、个性特征（兴趣、能力、气质、性格、习惯）等心理的素质。	“智商决定是否录用，情商决定是否升迁”这句经典名言已经不知不觉成为决定职业发展的重要信条。一个人的心理素质如何，直接影响着其职场情商的水平。
2. 思想政治素质	指思想认识、价值观，以及政治立场、政治信仰等方面。	树立正确的世界观和人生观，有助于科学全面地认识社会，认识人与人之间的正确关系。

续表 6－1

类　别	内　涵	解　读
3. 职业道德素质	指职业态度和职业道德修养	职业道德不仅是工作应遵循的行为规范，而且是对社会所应承担的道德责任和义务。因此，在校大学生应利用各类竞赛和社会实践锻炼吃苦耐劳和集体主义精神，充分发挥主观能动性，展现才智，为今后长足发展打下坚实基础。
4. 专业知识和技能素质	指专业知识、专业理论、专业技能、组织管理能力等。	理论和技能不是万能的，大学生应将理论内化为科学的逻辑思维方法，形成长效的思考力。此外，随着行业知识和技术的日益更新，要树立终身学习的态度，不断学习。
5. 科学文化素质	主要指科学精神、求知欲望、创新意识和创新精神。	大学生作为社会的高层次人才，其科学文化素质的高低影响到国家科技发展的潜力和科学研究的持久生命力。当代大学生要大胆创新，培养丰富的想象力，注重个性发展，自主提升科学素养。
6. 人际交往与社会适应素质	主要指沟通与交流能力、社交活动能力、社会适应能力以及自主管理能力等。	职场是人际交往的一个重要练兵场，能否适应新的环境、高效率地处理好事务和解决问题反映着一个人综合素质的高低。

拓展阅读：未来员工需要的十项新技能

社交媒体技术的运用催生了新媒体生态和新型沟通工具的蓬勃发展，智能机器和系统兴起，全球互联的世界正在形成。在这些颠覆性变化的影响下，员工要想在职场新环境中游刃有余，就必须掌握一些新的工作技能，尤其是以下十项关键技能：

1. 计算思维。随着我们掌握的数据量呈几何级数增长，将有更多的工作岗位要求员工具备计算思维，以理解信息的含义。在未来的招聘中，公司将看重应聘者的统计分析和量化推理等技能。

2. 设计思维。成本越来越低的传感器、通信工具及其越来越强的处理能力将带来新的机遇，让我们可以采取更便于发挥设计能力的工作方式进行工作。

3. 认知负荷管理。未来的世界将被多种格式、来自多种设备的信息流所充斥，因此认知负荷的问题也将越来越严重。组织和员工只有学会过滤信息和全神贯注于重要的事情，才能把大量涌入的数据转化为自身优势。

4. 新媒体素养。用户生成内容的自媒体，包括视频、博客，将在未来十年的职场中充分发挥它们的作用。各种摆脱了 PPT 等静态幻灯片模式的沟通工具将变得让人司空见惯。

5. 跨学科能力。未来十年员工最好要拥有 T 形的能力结构，即他们至少要专精于一个领域，同时又具备更多学科领域的知识。

6. 意义建构能力。随着智能机器接管机械化的日常生产和服务工作，那些机器不擅长的领域将更需要人类技能。这些技能要求更高层次的思维能力，靠机器编码是无法做到的，此为“意义建构”。

7. 社交智能。情感的复杂性绝不亚于“意义建构”，或许更加复杂。拥有社交智能的员工，能对周围人的情感做出评估，从而相应调整自己的用词、姿态和语调。

8. 新思维和适应性思维能力。受例行工作的自动化趋势以及全球性离岸外包大潮的影响，中等技能要求的工作岗位求职机会呈下降之势，工作机会越来越集中于高技能、高薪酬的专业性、技术性岗位和管理岗位以及低技术、低薪酬的职位，如餐饮服务和个人护理等领域。

9. 跨文化沟通能力。在全球真正互联互通的世界里，企业将根据员工拥有的技能，将他们派遣到多个工作地点。这要求员工具备一些特定的技能，如语言能力，同时也需要员工具备适应力，能够应对形势的变化。此外，越来越多的组织将多元化视为一种创新驱动力。

10. 虚拟协作技能。新兴技术手段把世界联为一体，让远隔千里的人们可以更方便地协同工作、分享各自的想法，提高工作效率。然而，虚拟工作环境也需要人们拥有一套新能力。

来源：http：//www. dooland. com/magazine/article_300447. html。(有删减)

二、用人单位看重的职业通用素质

职业通用素质指除专业知识和技能等专业性和针对性较强的职业素质之外的素质。用人单位往往将职业素质作为选聘人才的第一标准。智联招聘总裁赵鹏说过：“企业招聘人才的标准有接近七成的权重放在应聘者的职业素质上。”用人单位看重的职业通用素质包括八个方面：

1. 敬业精神

敬业精神是指人们对自己从事的职业有强烈的事业心、责任心和使命感，愿意全身心地投入到工作中去的工作精神。敬业精神常常摆在对应聘者职业素质考核的第一位。正如著名数学家华罗庚先生所说的："科学上没有平坦的大道，真理长河中有无数礁石险滩。只有不畏攀登的采药者，只有不怕巨浪的弄潮儿，才能登上高峰采得仙草，深入水底觅得骊珠。"敬业是所有职业素质之根本，其他职业素质的提升，都源于兢兢业业的工作精神，正所谓"干一行，爱一行，爱一行，专一行"。

2. 职场礼仪

职场礼仪是指人们在职业场合中应当遵循的一系列礼仪规范，不仅可以有效地展现一个人的教养、气度和魅力，而且从一定程度上反映其对社会的认知水平，以及个人的学识和修养。在日常人际交往中，按照礼仪规范处事有助于建立良好人际关系，可以避免或缓和不必要的冲突和矛盾，同时，随着国际交流的日益频繁，提升服务和形象的竞争已经成为许多企业非常重要的竞争筹码。因此，重视职场礼仪的培养，将成为我们获取工作机会的关键之一，更是今后职业生涯发展的重要一环。

3. 乐观向上、积极主动的人生态度

美国著名心理学家麦克利兰的"素质冰山模型"（见图6－1）指出，基本知识、技能是容易了解与测量的部分，也较为容易通过培训来改变；而社会角色、自我认知、特质和动机等品质虽然不太容易通过外界的影响而得到改变，但却对人员的行为与表现起着关键性的作用。乐观向上、积极主动的人生态度有利于个体提升自我的情绪管理能力，为自我赋能，更好地应对生活和工作中的变化与困难。

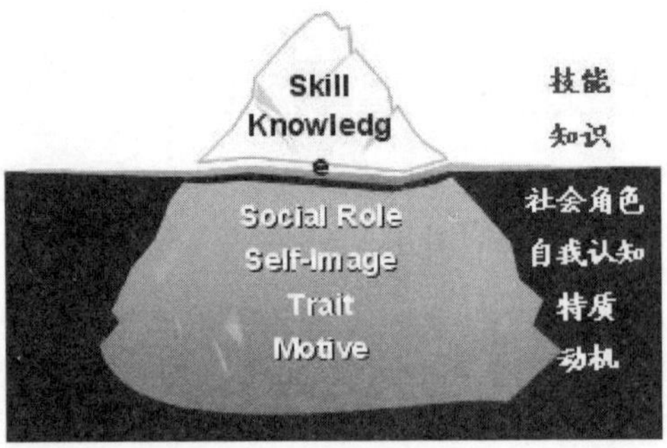

图6－1　素质冰山模型

4. 时间管理能力

时间管理是指个人在一定时间内，以正确处事观念和正确处世方法，利用和开发自己的时间资源，致力于自己的目标奋斗，使自己的成就达到最大化。时间管理能力的强弱是个人能力最主要的标志之一，是一个人的核心竞争力之一。

5. 创新精神

创新精神是指勇于抛弃旧思想、打破思维定势、寻求新思想、创立新事物的精神，是科学精神的重要方面。企业提倡员工保持创新精神，有助于鼓励员工独立思考，不拘泥于现状，大胆创新，这是企业突破行业竞争现状，脱颖而出的有力举措。尤其在外企和私营企业当中，大学生是否具有较强的创新精神更是单位招聘考核的重中之重。大学生应积极参加课外科技活动，积极探究科学奥秘，培养创新热情和挖掘思维潜能。学校也应为锻炼学生的独立创新能力建立激励机制和实践平台。

6. 高效执行力

高效执行力指运用科学方法或策略让任务高质量、高效率得到落实，不折不扣达成目标的能力。团队的成员是否具备高效执行力的基本素质，影响着团队运作的效率，更是企业核心竞争力高低的重要杠杆。大学生应利用在校期间的各类活动学习和积累提升高效执行力的方法和经验，自我反思，自我历练，并在各项工作中倾情投入，这样才能在应聘前提升自己的高效执行力，成为"呼之即来，来之能战，战之必胜"的好员工。

7. 团队协作精神

如今社会分工越来越细化，技术及管理越来越复杂，个体能力的发挥和展现已经不能满足时代的发展需要。调动团队集体力量、发挥团队精神、实现能力互补才能达到最大工作效能，提升单位的整体竞争力。

8. 沟通与交流能力

麦可思研究院指出，有效的沟通是用人单位认为最重要的基本工作能力之一。工作三年后的毕业生们和自主创业人群亦认为最重要的职场工作能力首推有效的沟通。因此，大学生应该运用各种场合锻炼自身的表达能力，真正掌握人际沟通的技巧和语言艺术。

知识卡片：素质洋葱模型

美国学者 R. 博亚特兹（Richard Boyatzis）对麦克利兰的素质理论进行了深入和广泛的研究，提出了"素质洋葱模型"（见图 6－2），展示了素质构成的核心要素，并说明了各构成要素可被观察和衡量的特点。

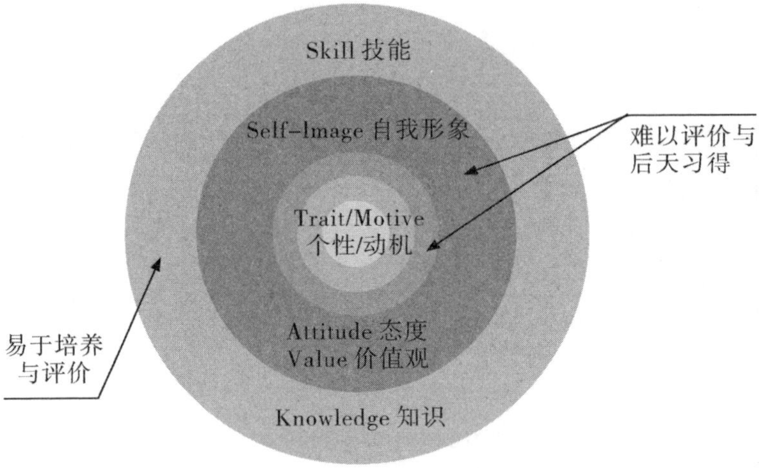

图6－2　素质洋葱模型

所谓"素质洋葱模型"，是把胜任素质（指在特定企业的环境中，在具体的工作岗位上，做出优秀业绩需要的知识、技能和行为）由内到外概括为层层包裹的结构，最核心的是动机，然后向外依次展开为个性、自我形象与价值观、社会角色、态度、知识、技能。越向外层，越易于培养和评价；越向内层，越难以评价和习得。大体上，"洋葱"最外层的知识和技能，相当于"冰山"的水上部分；"洋葱"最里层的动机和个性，相当于"冰山"水下最深的部分；"洋葱"中间的自我形象与角色等，则相当于"冰山"水下浅层部分。

"洋葱模型"与"冰山模型"的本质是一样的，都强调核心素质或基本素质。对核心素质的测评，可以预测一个人的长期绩效。相比而言，"洋葱模型"更突出潜在素质与显现素质的层次关系，比"冰山模型"更能说明素质之间的关系。

来源：http：//baike. baidu. com/link？url = 6LNv _ qrmXyfl _ vRTBWwiuexx3De9zsoznoB-mwrXZGC68xm057OiLnjtLWYpxbJn43XzbhQ1yIj00G5dEZjPfK。

【课堂活动】梳理你感兴趣的岗位所需的职业素质

1. 选定2～3个职业或岗位，在课堂小组内部进行讨论和分析，总结出每个岗位所需的职业素质，填写在下表中。

感兴趣的职业/岗位	你认为获取该岗位所需的职业素质（课堂讨论）	用人单位对该岗位的职业素质要求（课后补充）	个人已经具备的职业素质	个人仍欠缺的职业素质	针对性的提升和评估计划（可另附页）

2. 课后继续搜索相关资料，对上表进行补充，对比用人单位的要求和课堂讨论结果有何不同，并制订出自己的素质提升和评估计划，逐步实现自己的职业目标。

第二节　职业素质的培养与提升

2014 年在北京召开的全国普通高校毕业生就业工作网络视频会议上，教育部党组书记、部长袁贵仁指出："2014 年高校毕业生规模为 727 万人，毕业生总量压力进一步增大。"这意味着在僧多粥少愈演愈烈的今天，大学生增强自身竞争力，培养与提升职业素质刻不容缓。本节以职场礼仪、高效执行力、时间管理能力、团队合作力、有效沟通能力为重点，阐述如何培养和提升职业素质。

一、职场礼仪的培养

（一）职场礼仪的内涵

职场礼仪，是指人们在职业场所中应当遵循的一系列礼仪规范。不同的职业，对于职场礼仪的要求不尽相同。简要归纳，职场礼仪包括着装礼仪、用餐礼仪、社交礼仪、商务礼仪等。职场礼仪对于在职人士来说是一门艺术、一门高深的学问，是通过不断的学习和实践总结出来的。对于即将入职的大学生，仅依靠专业知识和热情是不够的，掌握一些礼仪惯例和技巧是必要的，或者说，礼仪是大学生就业前的一门必修课。孔子说过："不学礼，无以立。"礼仪不仅是一种长期积累的习惯，更是职场中安身立命的重要资本。那些妄自尊大，坚持"礼仪可以随时学习”、“礼仪很容易学习”及“礼仪可以在工作后慢慢摸索”等观点的人屡屡碰壁现象举不胜举。那么，我们应该怎样提升职场礼仪呢?

（二）职场礼仪的提升

古人云:“修身、齐家、治国、平天下。”把修身放在首位，修养体现细节，细节展示形象。在就业前提升职场礼仪，塑造完美人格，为就业展示良好形象奠定基础。例如涉外专业的需要增加接待外宾的礼仪，文秘专业则要加强办公室礼仪的部分。

1. 职场着装礼仪

穿着职业服装不仅是对服务对象的尊重，同时也使着装者有一种职业的自豪感、责任感，是敬业、乐业在服饰上的具体表现。规范穿着职业服装的要求是整齐、清洁、挺括、大方（见图6－3）。

图6－3　求职着装礼仪要求

（1）整齐。服装必须合身，袖长至手腕，裤长至脚面，裙长过膝盖，尤其是内衣不能外露；衬衫的领围以插入一指大小为宜，裤裙的腰围以插入五指为宜；不挽袖，不卷裤，不漏扣，不掉扣；领带、领结、飘带与衬衫领口的吻合要紧凑且不系歪；如有工号牌或标志牌，要佩戴在左胸正上方，有的岗位还要戴好帽子与手套。

（2）清洁。衣裤无污垢、无油渍、无异味，领口与袖口处尤其要保持干净。

（3）挺括。衣裤不起皱，穿前要烫平，穿后要挂好，做到上衣平整、裤线笔挺。

（4）大方。款式简练、高雅，线条自然流畅，便于岗位接待服务。

2. 办公室里的三大礼仪

（1）办公桌的礼貌。首先，需保持办公桌的清洁，办公室的整洁程度也是个人精神面貌的体现。如需在办公室里用餐，建议使用一次性餐具，最好吃完立刻扔掉，不要长时间摆在桌子或茶几上。如果突然有事情了，也记得礼貌地请同事代劳。餐后清整桌面和打扫地面，是必须做的事情。其次，有强烈味道的食品，尽量不要带到办公室。

（2）电梯间里的礼貌。伴随客人或长辈来到电梯门前时，先按电梯按钮；电梯到达门打开时，可先行进入电梯，一手按开门按钮，另一手按住电梯侧门，请客人们进来；所有人进入电梯后，按下客人要去的楼层按钮；行进中有其他人员进入，可主动询问要去几楼，帮忙按下楼层按钮。电梯内尽可能不寒暄，尽量侧身面对客人。到达目的楼层后，一手按住开门按钮，另一手做出请出的动作，可说"到了，您先请!"。客人走出电梯后，自己立刻步出电梯，并热诚地引导行进的方向。

（3）拜访的礼貌。第一条规则是要准时。如果有紧急的事情，或者遇到了交通阻塞，立刻通知你要见的人。如果是对方要晚点到，拜访者要充分利用剩余的时间。例如坐在一个离约会地点不远的地方，整理一下文件，或问一问接待员是否可以利用接待室休息一下。当你到达时，告诉接待员或助理你的名字和约见的时间，递上名片以便助理能通知对方。在等待时要安静，不要通过谈话来消磨时间，更不要吃东西，这样会打扰别人工作。

一般情况下，如果对方很忙，拜访者要尽可能快地将谈话引入正题，清楚直接地表达你要说的事情。说完后，让对方发表意见，并要认真地听，不要辩解或不停地打断对方讲话。拜访者若有其他意见的话，可以在对方讲完之后再说。

3. 面试结束后的沟通礼仪

大多数情况下，我们认为回答完面试官的问题就算面试结束，沟通也到此为止，殊不知，结束之后的礼仪是能否真正沟通成功的点睛之笔。

回答完提问，应聘者应该真诚地对面试官表示感谢，沟通过程涉及的设备和物品应及时归位，临行前轻轻关上门并帮忙叫下一位应聘人员入场，这些非言语的沟通将为你的面试锦上添花。接下来，在接到正式面试结果通知以前，应向某一具体负责人写一封邮件表示感谢，开头感谢他为你所花费的时间和精力，感谢为你提供面试机会，然后再次重申对应聘岗位的极大兴趣和能力匹配的事实，最后表达自己的信心，以及希望早日能得到对方回音的愿望。这种简洁真诚的致谢行为，不仅仅是出于礼貌，同时也是为自己再争取机会，也许会带来意想不到的好结果。另外，倘若感谢信没有回音，约好的面试结果通知时间到了仍旧没有消息，应主动打电话去应聘单位的人力资源部门询问，注意提前打好腹稿，采用礼貌用语，做好随时电话记录的准备，恰如其分地表达需求。万一被通知落选，也不要灰心，要虚心地向对方请教不足的地方，以便在今后改进，为下一次面试做更充分的准备。

案例

小吴是华南师范大学历史文化学院2008届本科毕业生，平时比较爱漂亮，喜欢追赶潮流。她大四一开始就把头发染成金黄色，还烫成了卷发。小吴的成绩也不错，师范技能比较突出，但是在面试了几家学校后，虽然学校对她上的课表示满意，但最终都婉拒了她。后来，辅导员提醒小吴，在中学里，教师的形象非常重要，因为中学生所处的年龄阶段模仿能力很强，老师的一言一行，甚至着装打扮都会引起学生的注意，因此想要在中学教书，老师的举止礼仪和个人装扮都需注意。于是，小吴重新修整了发型并染黑了头发，特别注意了面试时的言行举止，不久便接到学校与其签约的电话。

【案例点评】求职礼仪是求职过程中不可忽视的一部分，经常有应聘者认为只要自身素质和条件过硬，无所谓个人形象和礼仪，因此屡遭失败。求职面试过程，就是大学生给单位的第一印象，任何细节都容不得马虎。当然，不同行业会有不同要求，这需要大学生在求职前做好充分的准备。

拓展阅读：

(1) 1989年5月，在戈尔巴乔夫访华前夕，邓小平曾指示外交部，他与戈尔巴乔夫会见时“只握手，不拥抱”，这不仅是对外交礼节的一种示意，更是对两国未来关系的定位。尼克松总统在回忆自己首次访华在机场与周总理见面时也说：“当我从飞机舷梯上走下来时，决心伸出我的手，向他走去。当我们的手握在一起时，一个时代结束了，另一个时代开始了。”据基辛格回忆，当时尼克松为了突出这个“握手”的镜头，还特意要求包括基辛格在内的所有随行人员都留在专机上，等他和周恩来完成这个“历史性的握手”后，才允许他们走下飞机。

【点评】握手是人与人的身体接触，能够给人留下深刻的印象。当与某人握手感觉不舒服时，我们常常会联想到那个人消极的性格特征。强有力的握手、眼睛直视对方将会搭起积极交流的舞台。

（2）在 e-mail 营销中，电子邮件发送时机选择是影响 e-mail 营销效果的因素之一。邮件发送日期也一直是一个颇富争议的问题。美国 e-mail 营销服务机构 Return Path 调查认为，星期一是发送电子邮件的最佳时间，发送成功率明显高于一周中其他日子。星期五的邮件发送成功率则低于平均发送成功率。星期六是一周中发信成功率最低的日子，其次是星期天。

【点评】电子邮件在给人们带来方便的同时，也带来了职场礼仪方面的新问题。虽然你有随时找到别人的能力，但这并不意味着你就应当这样做。请记住，电子邮件是职业信件的一种，而职业信件中是没有不严肃的内容的。

来源：http：//topic. yingjiesheng. com/qiuzhiliyi/gushi/04305042322012. html。

二、高效执行力的培养

案例

小张是学校某社团负责人，在组织一次开放日活动时，小张以为把工作任务布置完毕就可以了，可活动当天却发现曾经布置的工作无法落实，活动布置场地的工作人员只有 2 个，音响没连接，物资没有到位，更难堪的是因为工作人员大部分在上课，因此无法及时电话联系上，原定于 10 点开始的活动，直到 12 点才正式开始，早已错过了学生放学的高峰期。

【案例点评】大学生有着积极参与社团锻炼的热忱，但在活动组织过程中却或多或少表现出执行能力不理想的情况。案例中的小张在布置工作任务后没有和各项目负责人沟通进展，了解存在问题，导致各环节的问题在活动当天集中暴露，延误了活动进程。因此，大学生应多参与社团实践活动修炼自我。在活动执行过程中，要注意消除“一知半解”就行动、执行“不完整”等情况。接到任务后没有即时思考和执行，任务执行后没有反馈，这些都将导致错误重复，降低执行效率。

比尔·盖茨曾说：“在未来十年内，我们所面临的挑战就是执行力。”罗伯森·沃尔顿也曾说过：“沃尔玛能取得今天的成就，执行力起了不可估量的作用。”可见，执行力已经成为 21 世纪企业人才极为重要的能力之一。作为大学生，若不能意识到当今市场的人才需要所发生的变化，将不能适应新时期的社会发展要求。

（一）执行力

执行力是指贯彻战略意图，完成预定目标的操作能力。而高效执行力就是有目标、有计划，并运用科学方法、手段或策略让任务或所应做的事高质量、高效率地得到落实，并最终达成目标。对于企业而言，执行力是把企业战略、规划转化成为效益、成果的关键。对大学生，尤其是学生干部而言，执行力是学校政策任务与学生个人或集体利益有序落实的保障。只有具备良好执行力的学生干部才能真正起到上令下达、下情上传的作用。因此，执行力对个人而言就是办事能力；对团体而言就是战斗力。执行力包含两个层面，第一层面是执行力度和速度，第二层面是执行方法和方向（见图6－4）。

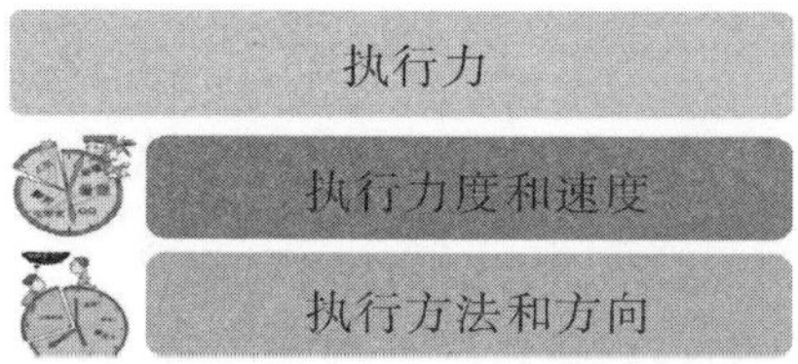

图6－4　执行力的两个层面

执行力度和速度是指做事所投入的精力与其输出成果的效率。对上级的指示如果抱着“混日子”而不是“全力以赴”的心态去执行，那是不可能做好每一件事的。况且，在组织里，工作完成都是有一定时间限制的，超过了限定时间，工作完成也没有多大的意义。

想要提高“执行力度和速度”，就需要关注“执行方向和方法”。一个系统的方法能节约大量的人力与财力，大大提高人力资源的利用率。在工作中，不但要严格按照工作的相关规定和要求执行好任务，而且在实际操作过程中，应有主动的创新意识，并克服拖延症，两者相结合才是高效执行力的表现。

拓展阅读：摆脱拖延症的窍门

①时刻提醒，重点标注；②工作安排在效率最高的时段；③给自己设最后期限；④工作分优先级；⑤每天至少完成一项你最不想做的工作；⑥复杂工作分块完成；⑦避免工作被打断；⑧严格遵循计划；⑨按时完成，可给奖励；⑩劳逸结合。

（二）如何提高大学生的执行力

1. 树立执行意识

执行能力的强弱不仅会影响事情进展，更会影响团队感情。如在先进班集体评比工作时，下发到各班级的通知中并没有对需要上交的材料数量和种类做出明确规定，有些班级把能体现班级特色的材料悉数上交，而有些班级则只上交了申请表，结果却是以材料多者优，导致无“厚重”材料的班级大呼不公，顿时怨声载道。

可见，执行力的影响已经不仅仅局限于就业和择业，其影响已经扩散至整个社会，涵盖党政机关、企事业单位等。要想在社会上立足，首先必须树立起执行意识，并不断提高自己的执行力。

2. 麦肯锡 7S 模型

20 世纪七八十年代，托马斯·J. 彼得斯（Thomas J. Peters）和小罗伯特·H. 沃特曼（Robert H. Waterman）长期服务于美国著名的麦肯锡管理顾问公司的学者，访问了美国历史悠久、最优秀的 62 家大公司，又以获利能力和成长的速度为准则，挑出了 IBM 等 43 家杰出的模范公司，并以麦肯锡顾问公司研究中心设计的企业组织七要素（简称 7S 模型）为研究的框架，写出了《追求卓越——美国企业成功的秘诀》一书。

7S 模型指出企业在发展过程中必须全面地考虑各方面的情况，包括结构（structure）、制度（system）、作风（style）、人员（staff）、技能（skill）、战略（strategy）、共同价值观（shared values）（见图 6－5）。即企业仅具有明确的战

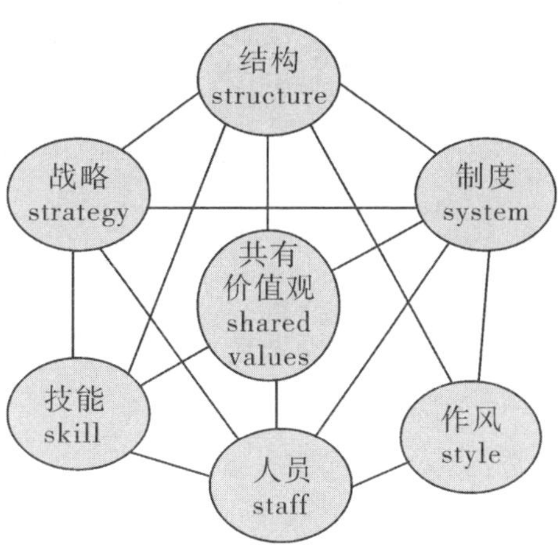

图 6－5　麦肯锡 7S 模型

略和深思熟虑的行动计划是远远不够的，因为企业还可能会在战略执行过程中失误。因此，战略只是其中的一个要素。

三、时间管理能力的培养

时间管理的本质是对自己的管理，关乎工作、学习、生活的效率和事业的成败。时间管理能力包括对时间的感知能力、制订时间计划的能力、执行时间计划的能力。要提高时间管理的能力，需要做到以下三点：

1. 明确地设定目标

将目标一一列举，依自己判断，明列优先级。目标应分为最终目标与阶段目标。阶段目标又可分为长程目标、中程目标及年度目标。年度目标又可分为季目标、月目标、周目标和日目标。

目标确定可根据时间管理四象限法则来进行（见图6－6）。

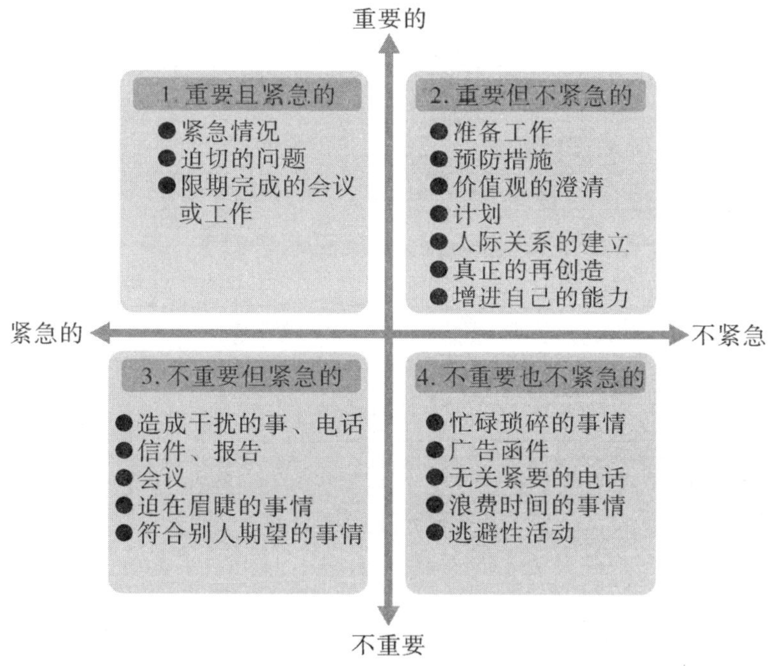

图6－6　时间管理四象限

第一象限是紧急且重要的事情，每一个人和每一个企业都应该分析判断那些紧急且重要的事情，并把它优先解决。如应付难缠的客户、准时完成工作、交作业等。

第二象限是重要但不紧急的事情，主要包括长期的规划、问题的发掘与预防、参加培训、向上级提出问题处理的建议等。

第三象限是不重要但紧急的事情，如电话、会议、突来访客等。

第四象限是既不紧急又不重要的事情，有志向而且勤奋的人断然不会去做。如阅读令人上瘾的无聊小说、毫无内容的电视节目、办公室聊天等。

第一象限和第四象限是相对立的，而且是壁垒分明的，很容易区分。第二象限和第三象限最难以区分，第三象限对人们的欺骗性是最大的，它很紧急的事实造成了它很重要的假象，往往耗费人们大量的时间。

仅看紧急与否是很难区分这两个象限的，要区分它们就必须借助另一标准，看这件事是否重要。也就是按照自己的人生目标和人生规划来衡量这件事的重要性。如果它重要就属于第二象限的内容；如果它不重要，就属于第三象限的内容。

正确的做法是，列出当天应做之事的工作计划表，并按其重要性高低以四象限分别排列，并预估可能使用时间。全力完成第一象限所有的工作之后，再依序完成其余三个象限的工作。必要时将第三、第四象限的工作授权或委派属下代办。

2. 把握规律，做对事

学会80/20定理，即80%精力集中于最重要的20%关键业务中。也可根据自己的生理特点，把重点的工作放在精力最好的时间完成，提高效率。为使时间有效运用，每天工作计划不可安排得过分紧密，必须有一些富余时间，作为自己的回转空间，以增加工作效率。此外，还需勇于拒绝别人干扰。在平常，一定会有时间干扰者，诸如不识者之来访，无关紧要之应酬，如果无勇气拒绝，就会浪费宝贵时间，故个人应有坚定勇气拒绝“偷窃”时间资源之人。

3. 灵活运用工具

大学生应养成随身携带便签本或笔记本的习惯，每天早上列个任务“清单”，按优先次序排列，并确保任务能够完成。还可借用一些时间管理的APP软件，帮助自己提高时间的利用率。

拓展阅读：突破时间

有人调查了100位世界名人的成功经历，发现一个奇怪的现象，他们的成功经历并非按照一般的成功模式进行，在成功者眼里，时空限制并不能左右他们。如莫扎特3岁已能弹奏古典钢琴，并能记住只听过一遍的乐段；肖邦在7岁的时候，创作了G小调波罗乃兹舞曲；爱迪生10岁那年，在父亲的地下室建立起一个实验室，开始了世界上最伟大的发明；奥斯汀在21岁那年出版了世界巨著《傲慢与偏见》；福特在50岁那年采用了“流水装配线”，实现了汽车大规模生产，使汽车售价大幅下降；丘吉尔在81岁从首相位置上告退，回到下议院，但又获得一次议会选举，他开始学画，并成功展示了自己的作品；100岁的爵士音乐钢琴演奏家、作曲家尤比·布莱克还举办了自己的专场音乐会，在逝世前的5天，他对别人说：“早知道我能活这么久，我会更加努力些。”

很多人都认为人在年轻时，因为精力充沛，常常朝自己的目标努力奋斗，年纪大了，精力不够旺盛，常常力不从心，安身立命是最好的选择。实际情况却是，成功对一个人来说，并没有时间的限制，处于各种年龄段的人都可以大有作为。关键在于一个人的心态，心死了那么一切都远去了。

案例

小李是文学院2014届中英文秘书专业学生，根据当年的就业形势，他结合自己的就业意向和自身实际情况，及时调整自己的就业方向。在大三期间，以创业比赛的形式拿到创业资助资金，在增城建立“六心补习社”，开始正式创业之路。目前他的公司经营良好并取得成功，现在月收入不菲。他还利用课余时间，在经营好公司的情况下，继续学习，在大四考上研究生。

【案例点评】在当前严峻的就业形势下，大学生创业已经越来越成为政府和学校所倡导的一个方向。但对于家庭状况一般的文科生来说，创业仍然是一个可望而不可即的名词。小李的创业成功之路给我们以下启示：第一，积极调研，找准市场点，把握市场动脉；第二，利用一切资源为我所用，可以说，小李参加的创业大赛既得到了专业指导，又获得了资金资助，为创业的良好运行奠定了有力基础；第三，注重团队合作，从创业策划到计划实施，都离不开团队的合作。经过小李的努力，将有创业兴趣的各个学科同学团结在一起，且不断加强团队凝聚力，为创业提供了强有力的人力资源。

四、团队合作力的培养

联合国教科文组织曾在一个宣言中提出：“21世纪的人才要学会学习，学会生存，学会合作。”美国著名学者戈尔曼在跟踪研究了近千名人士成功的经历后得出一个结论：善于与人共事合作是人才成功的九大要素之首，而不善于与人共事合作，是人生事业失败的九大要素之首。锻炼团队精神和合作意识，无疑能为求职锦上添花。

（一）团队精神与合作意识

团队合作指一群有能力、有信念的人在特定的团队中，为一个共同的目标相互支持、合作奋斗的过程。团队精神和合作意识可以调动团队成员的所有资源和才智，并且会自动地驱除所有不和谐和不公正现象，同时会给予那些诚心、大公无私的奉献者适当的回报。

（二）团队合作能力的培养

培养团队合作能力不仅仅需要学校创造机会和环境，而且需要个体的自我培养意识。在团队合作中，应做到以下八点：

1. 学会欣赏

欣赏同一个团队的每一个成员，就是在为团队增加助力；改掉自身的缺点，就是在消灭团队的弱点。欣赏就是主动去寻找团队成员的积极品质，然后学习这些品质，并努力克服和改正自身的缺点和消极品质。

2. 学会尊重

尊重没有高低之分、地位之差和资历之别，尊重只是团队成员在交往时的一种平等的态度。平等待人，有礼有节，既尊重他人，又尽量保持自我个性，是团队合作能力之一。

3. 学会宽容

雨果曾经说过："世界上最宽阔的是海洋，比海洋更宽阔的是天空，而比天空更宽阔的则是人的心灵。"宽容是团队合作中最好的润滑剂，它能消除分歧和战争，使团队成员能够互敬互重、彼此包容、和谐相处，从而安心工作，体会到合作的快乐。

4. 平等待人

"己所不欲，勿施于人。"人人生而平等，当我们希望别人平等对待自己的时候，我们也需平等地待人待物。

5. 相互信任

信任是一种激励，信任更是一种力量。团队成员在承受压力和困惑时，要相互信赖，就像在雨中"十人双足"行走；团队成员在面临危机与挑战时，也要相互信任，就像合作猎捕猛兽的猎人一样，必须不存私心，共同行动。

6. 学会沟通

成员间的充分沟通是保持团队有效沟通和旺盛生命力的必要条件；作为个体，要想在团队中获得成功，沟通是最基本的要求。

7. 担当责任

负责不仅意味着对错误负责、对自己负责，更意味着对团队负责、对团队成员负责，并将这种负责精神落实到每一项工作的细节之中。任何有利团队荣誉、有损团队利益的事情，与每一个团队成员都是息息相关的，所有的人都负有不可推卸的责任。

8. 建立诚信

“人无信则不立。”说的就是为人处世若不诚实、不讲信用，就不能在社会上立足和建功立业。一个个体如果不讲诚信，那么他在团队之中也将无法立足，最终会被淘汰出局。

【课堂活动】大家一起来报数

以学习小组为单位，共同、依次完成以下三个任务：

1. 没有讨论和准备时间，每个小组各自报数，计时，统计下时间。

2. 给 5 分钟的讨论和准备时间，每个小组各自报数，用时最少的小组取得成功。

3. 给 5 分钟的讨论和准备时间，小组成员围成圆圈，各自背对所有人，重新报数，用时最少的小组取得成功。

小组讨论：在活动中，你最大的感受是什么？你认为自己在团队中充当的是哪一种角色（领导者、倡议者、说明者、支持者、协作者、协调者……）？前后的任务执行中角色有发生过变化么，你觉得自己是否适合这种角色？

五、有效沟通能力的培养

美国著名的克莱恩咨询公司曾经进行过一项调查，通过访问 300 位知名企业家的成功因素，统计到 85% 的受访者认为自己的成功是因为沟通及人际关系的能力超人一等；而只有 15% 的人认为自己的成功归功于专业知识和技巧。可见，沟通能力是在校生及职场人的重要技能，有利于达成工作共识，在求同存异中相互帮助，资源共享，提高整体的工作效率。

（一）有效沟通的内涵及分类

沟通是为了某个设定的目标，将信息、思想和情感向特定个人或群体传递的过程。“有效沟通”特指双方信息通过传送和理解达成共识的过程。一般而言，面对面的交流、作报告/演示、开会、收发电子邮件、电话/传真联系、阅读备忘录等方式都属于沟通。

沟通的分类较为多样化。根据是否采用语言作为载体，沟通可分为言语沟通（包括口头沟通、书面沟通）和非言语沟通（包括肢体语言、距离方向、肢体接触等）；从沟通者是否反馈的角度，沟通可以分为单向沟通和双向沟通。双向沟通给了接收者反馈意见的机会，但比单向沟通需要更多的时间。日常生活中，如果是大家熟悉的例行公事，低层的命令传达，可用单向沟通；如果要求工作的正确性高、重视成员之间的人际关系，则宜采用双向沟通。是否有效沟通不仅仅取决于沟通的方式，更有赖于沟通人员的态度、沟通的时机等多项因素。

（二）沟通的误区

日常生活中，我们时刻面临着沟通，如日常问候、邮件来往、业务交流、生意谈判等各种形式的沟通。以下三种对沟通的错误理解常常影响沟通效果：

1. 沟通就是陈述观点

沟通并不是简单地将自己要表达的观点陈述清楚，传播的过程存在双方之间的信息互动。即使是单向沟通也不仅仅是命令或者阐述，达成沟通效果必须有反馈的过程，不然再怎么滔滔不绝地“说”也很难让对方不折不扣地“做”。

2. 沟通就是说服别人

很多人认为沟通是为了说服别人认同自己的观点，因此在沟通的时候必须掌握主动权，务必在最后让对方“服从”才算成功。实际上，为了有效沟通，应避免“和自己说话”的思维定势，多换位思考，在了解他人的前提下相互分享，认真倾听，才有可能达成双方满意的结果。

3. 生活中很多问题不值得沟通

不沟通比出现沟通障碍更不利，这种情况容易产生猜疑，进而影响同事、朋友之间的信任。一句简单的提醒，一封善意的邮件，这些沟通的举手之劳可能成为温馨的调和剂，何乐而不为。

4. 冲突不是沟通

有些单位为了避免正面冲突，刻意回避一些尖锐问题，尤其涉及个人利益的直接避而不谈，维护表面的和谐状态。然而，这种处理方式不仅不利于工作的开展，而且将逐渐消耗团队成员的工作热情，最终导致组织文化涣散，工作成效低下。冲突也是沟通的一种形式，只要最终能达成共识，出现批评甚至吵架等相对激烈的状况也是无妨的。

5. 掌握沟通技巧就能取得成功

技巧对于沟通效果的达成确实具有良好的辅助作用，但并不是最重要的因素。真诚的沟通态度才是取得有效沟通的最关键因素。例如真正成功的销售人员都不是仅掌握了简单的销售话术就能成功，还要用尊重、热情和感染力来影响对方，力求让客户成为长期的购买力。

（三）有效沟通能力的提升

1. 沟通的原则

为了提升有效沟通能力，我们需要先了解沟通的原则。美国著名的公共关系专家特立普先生在《有效的公共关系》中提出了有效沟通的“7C 原则”（见图 6－7）。

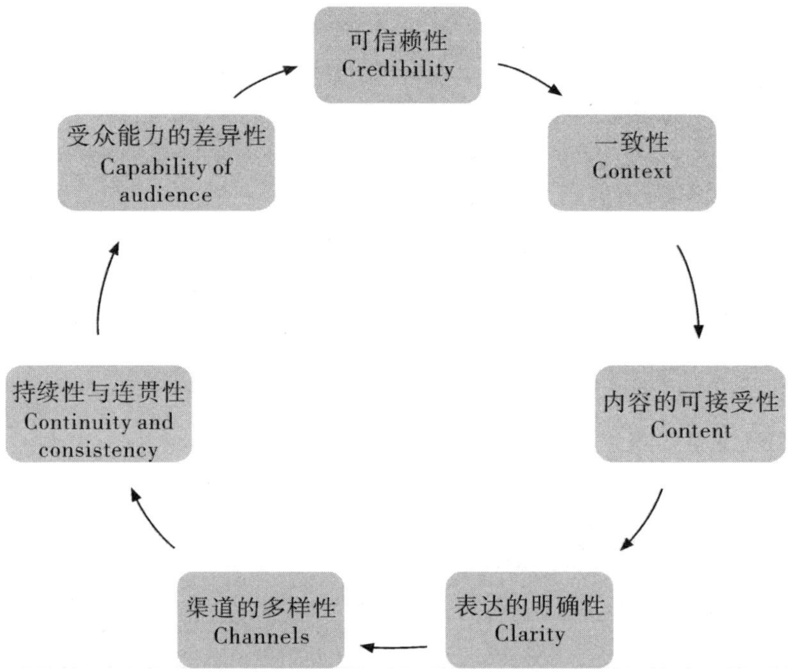

图 6－7　沟通的“7C 原则”

（1）credibility：可信赖性。即建立对沟通双方的信赖。

（2）context：一致性。指传播需与环境（社会的、心理的、时间的等外部因素）相协调。

（3）content：内容的可接受性。指传播内容需与受众有关，必须要能引起他们的兴趣，满足他们的需要。

（4）clarity：表达的明确性。指信息的组织形式应该简洁明了，易于沟通的对方接受。

（5）channels：渠道的多样性。指应该有针对性地运用传播媒介以达到向目标公众传播信息的作用。

（6）continuity and consistency：持续性与连贯性。沟通是没有终点的过程，要达到长效的目的，必须对信息进行重复，并且在重复中不断补充新的内容。

（7）capability of audience：受众能力的差异性。沟通必须考虑对象能力的差异（包括知识水平、理解能力、接受能力和行为能力等），采取不同方法才能使传播更容易为受众理解和接受。

“7C 原则”基本涵盖了沟通的主要环节，对人际沟通具有较强的指导意义。实际交流中，我们建议沟通双方多采用这些原则来检视自己的准备和实施情况，力求达到清晰明了、连贯具体、完整并有礼貌，让沟通事半功倍。

2. 有效沟通的步骤

（1）做好沟通准备。充足的沟通准备是打好沟通攻坚战的前提，是有效沟通的基础。包括明确沟通目的、准备沟通的材料、场地踩点、调整精神状态等。

（2）积极聆听。“上帝给我们两只耳朵，却只给了一张嘴巴，其用意是要我们少说多听。”实践表明，积极聆听是有效沟通的关键。大学生在校期间应该有意识地培养自己的倾听水平，通过选修相关的课程学习一些积极聆听的技巧，例如在“社交三角区”内目光交流，身体适当前倾地表达认同，在可能的情况下对重要信息进行记录等等，同时，在生活和学习的实践中杜绝一些倾听的坏毛病，如打断他人、好为人师、易受干扰、主观臆断等，力争做一位善于倾听的人。

（3）表达观点。在沟通中，能否将中肯并有利的观点表达清楚，是沟通的关键。沟通时应尽量使用简洁的语言来正面阐述，让沟通的对方看到带来的好处，营造一种双赢的良好氛围。例如老练的销售人员会微笑地对客户反馈说：“我理解您主要关心的是……我说得对么？”这种表达明显抓住了客户的心，初步建立了信任。

以上方法和技巧提升可通过在校期间的表达能力训练达成，因此，大学生应多参加社团活动和班级管理，主动寻找沟通的实践机会。

案例

小李是文学院 2009 级师范专业学生，现为汕头一所中学的老师。

做老师或公务员是小李一直以来的梦想，但由于个头矮，长相一般等个人因素，小李觉得回家做老师把握应该大一些，因此，她一直侧重于教师方面的能力锻炼。四年中，她做了以下努力：（1）努力学习专业知识，四年平均绩点排在年级的前30%；（2）积极做好学生工作，大一在学生会做干事，大二至大四做了三年的级长。在2012年的教师招聘专场来临前，辅导员将她与同为潮汕人的主要学生干部小陈推荐给汕头一所中学。在面试前，小李心里忐忑不安，因为两者相比，小陈优势明显。但用人单位面试后，当场定下了录用小李。小李激动万分，她的第一次面试就获得了成功。

【案例点评】

1. 面试沟通技巧

在面试中，小李和小陈被问及同样的问题，但回答却相差甚远。

面试官：从简历可以看出，你很优秀，愿意到我们这个穷乡僻壤工作吗？

小李：愿意，因为我的家就在那里，我喜欢到家乡工作。

小陈：愿意。

面试官：你来我校面试，与父母沟通过吗？

小李：我爸妈支持我回家乡工作，他们尊重我的选择。

小陈：还没来得及，我会和父母沟通的。

从两人的回答中，我们不难看出，两人就业的意愿程度不同，这当然与两人的个人因素和自身分析有关。但就成功的沟通效果来看，小李的回答无疑让面试官心头一暖。面试中很多问题都没有正确答案，一次有效的沟通，考核的不仅是机敏的反应程度，更是积极为对方考虑的态度。

2. 沟通技巧在平时

沟通技巧并不是面试前练一练，或者看看网络上、书本上的理论指导就能掌握的，而应在日常生活中锻炼和积累。在任级长的三年中，她不仅对年级550名同学的姓名、性格特点等非常熟悉，且在配合辅导员工作的过程中，养成了积极主动地为同学们着想的意识，练就了高效完成辅导员与学生之间良好沟通的技能。可以说，今日的成就，是三年的坚持与努力换来的。

抓住目标，多换位思考并积极主动反馈，达成有效沟通也并非难事。此外，当前大学生与人沟通的主要手段是打电话、QQ聊天、发短信、微博、微信等等，而传统的聚会联谊和信件书写等书面沟通方式则不被青睐，然而，“宅”在网上虽在一定程度上让大学生扩大了交往空间，但却很难达到实践目的，多走出网络，走出宿舍也许更有助于提升沟通能力，适应日益变化的沟通环境。归根到底，有效沟通的目的是“通”，是改变行为。

拓展阅读：奥巴马高超的沟通技巧

2009 年，奥巴马访华时在上海科技馆与中国青年对话。有一个细节是这样的：演讲开始，他先用一句带有美国口音的上海话“侬好”来和大家拉近距离，接着还在演讲中提到了姚明，使整个气氛既庄严又轻松。此时的美国总统像是学生们的老相识，像是他们中的一员，像是邻家大哥，用娓娓道来的方式，试着跟这些陌生而又熟悉的男孩女孩交流。演讲结束后，奥巴马特地绕场一周，与坐在前排的每一位学生听众握手致意，整个过程持续 10 多分钟。接下来，他令人瞠目地自当主持，把话语权牢牢地握在自己手中。整个过程热烈而和谐，这就充分体现了奥巴马高超的沟通技巧。

来源：http：//www. 5lifang. com/CubicHR/cubichr_226. html。

知识卡片：沟通的漏斗原理

沟通漏斗呈现的是一种由上至下逐渐减少的趋势，是指工作中团队沟通效率下降的一种现象。如果一个人心里想的是 100% 的东西，当你在众人面前、在开会的场合用语言表达心里 100% 的东西时，这些东西已经漏掉 20% 了，你说出来的只剩下 80% 了。而当这 80% 的东西进入别人的耳朵时，由于文化水平、知识背景等关系，信息只存留了 60% 。实际上，真正被别人理解了、消化了的东西大概只有 40% 。等到这些人遵照领悟的 40% 具体行动时，已经变成 20% 了（见图 6 –8）。

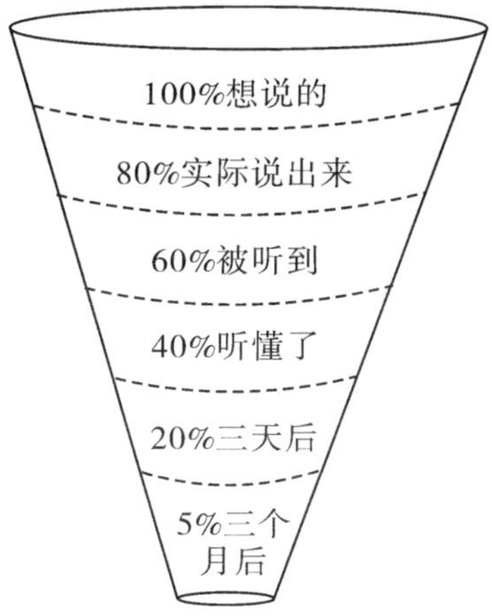

图 6 –8　沟通漏斗模型

来源：http：//baike. baidu. com/view/6261845. htm？ fr = aladdin。

六、培养与提升职业素质的途径

1. 以目标职业的素质要求为方向

2011年有一份针对某重点本科大学毕业班的调查显示，有超过七成的毕业生对其日后的职业选择有所规划，但超过五成的毕业生只有模糊的规划而并无明确的目标，而接近三成的毕业生没有过相关的职业规划。没有明确的职业目标，素质锻炼提升犹如无矢之的，无法打中目标。大学生在确定目标职业后，可从四个方面了解目标职业：一是专业课的学习。二是职业实践。三是从图书馆借阅相关书籍，或从网络上获取相关知识。四是访谈经历过工作或实习的师兄师姐。

2. 投身社会实践，培养职业技能

“有知识的人不实践，等于一只蜜蜂不酿蜜。”大学生在大学课堂上学习的内容多为理论课程，而就业、工作以实践居多。以师范专业为例，经过两个月的教育实习，将教学法理论与学生实际相结合，参与实际的教学与备课，使大部分学生对于实际课堂应该是什么样的、会有什么突发状况、可以有什么应对措施等都有了了解，减少了对工作不切实际的想象。经过实习之后对于自己是否能够胜任这一职业也可以有基本的判断。可见，实践才能出真知，在实践中，大学生还可以培养良好的职业道德素质和职业心理素质。

大学的社团活动、社会公益活动以及各种兼职都可对实践能力产生积极的影响。在这些活动中，大学生的人际交往、统筹协调、组织策划等能力都能得到锻炼。而与职业目标更加紧密相关的社会实践，对大学生具体专业能力的锻炼效果更加显著。如师范专业的大学生“家教”锻炼、支教活动，经济类专业学生的商业促销兼职，新闻类同学参加的兼职编辑，外语专业学生的兼职翻译等社会实践均能锻炼相应的专业技能。此外，学校还有不少的比赛都与专业知识及就业所需的技能挂钩，如文科类的演讲、写作类的比赛、经济类专业的公关策划类型竞赛、理科类专业的实验等。这类科研、调研、创新型的比赛，对大学生创新思维的训练、实地考察习惯的养成都起到积极作用。

案例：

小陈是文学院2007级学生，现为广东省公安厅一名公务员。当这个其貌不扬、言语不多的小女孩在毕业时获得“优秀毕业生”称号时，很多同学都觉得不可思议。看到公示结果，小伙伴们都惊呆了。公示中显示，小陈在大学不仅当过四年的年级干部，在获奖方面更是突出。四年获国家级5项、省级10项、市级12项、校级11项、院级13项共51项大奖。

【案例点评】 小陈的案例为自信心不足、没有过多才艺的同学提供了很好的参考作用。她成功的原因，主要归纳为如下三项：

1. 明确方向，做好职业规划。小陈入学后，经过级会、入学教育了解到，文学院学生的四项基本技能“读、写、讲、演”至关重要，而“读”和“写”又是综合提高的前提。根据自己的职业目标公务员的要求，针对自身发展优势，确定了先主攻“写”这个最难啃的“骨头”。

2. 失败是成功之母，贵在坚持。大一时，小陈广博涉猎知识，积极参加各种征文比赛，还在网上搜集社会上的省级、市级比赛信息。但事与愿违，所有投出的稿件均石沉大海。但她不气馁、不放弃，用她自己的话讲就是“越是屡战屡败，更要屡败屡战”。在接连十余次失败后，终于被选中了一篇，从此便一发不可收拾。

3. 心态平和，不骄不躁。小陈在“写”的方面取得了非常好的成绩，直接带动了其他方面的信心，综合素养不断提升，但小陈并没有因此而骄傲，而是一如既往地做同学中默默无闻的普通人，认真完成老师交代的任务。正是这种良好心态和执着坚持的毅力，使她最终走上了梦寐以求的公务员道路。

思考与练习

1. 团队精神提升活动

单元名称	单元目标	活动内容	所需材料
相亲相爱一家人	自我介绍 互相认识 增强团体感	热身活动：面带微笑握手 游戏1：“耳朵鼻子谁是谁?” 游戏2：马莲花儿开 确立团体名称，制定团体规范	彩笔 白纸
众人拾柴	认识合作的重要性；培养团队分工合作精神	热身活动：松鼠和大树 游戏1：巧解千千结 游戏2：运筹帷幄，共建高楼	报纸 剪刀 胶带
同舟共济	培养团体意识，鼓励互相欣赏、互相信任	热身活动：简单的放松训练 游戏1：谈谈你的故事 游戏2：我的自画像	白纸 彩笔
我爱我家	学习接纳他人，感悟自助与他助、信任与被信任、爱与被爱的幸福与温暖	热身活动：可怜的猫咪 活动：盲人之旅	蒙眼布 笔和纸

来源：http：//blog. sina. com. cn/s/blog_4c7d64ab0100aai1. html。

2. 画出我们的最美脸谱

川剧中的变脸术是中国的国粹。以 6 位同学为一组，每个小组负责画一个表情，例如喜、怒、哀、乐，小组成员中只有 1 人可以说话，其他人必须蒙住双眼听从指示而且不能交流，每个成员只能接收一句话的指令，最终以哪个小组画得又快又形象为评判标准来定输赢。

小组讨论：你最深的体会是什么？活动中涉及哪些沟通的元素？倘若指令发布者也必须蒙眼，你们打算怎么完成任务？

推荐阅读

1. 杨石头．摸着石头过河．北京大学出版社．
2. 李响．响聊聊职场．中国商业出版社．
3. 原来．365 天创意思维训练游戏．新华出版社．
4. （美）加洛．乔布斯的魔力演讲．徐臻真译．中信出版社．

推荐视频

1. 职业素质培养与能力培养：http：//wenku. baidu. com/view/59aaf6a20029bd64783e2c7d. html
2. 学习礼仪的重要性：http：//www. doc88. com/p – 67349785270. html

附录一：本科毕业目标与规划

可以为未来的职业规划、生涯规划提供最好的初始化，每季度总结并修正。

<table>
<tr><td colspan="2" rowspan="2">毕业时</td><td>本科毕业目标</td><td colspan="4"></td></tr>
<tr><td>成功的关键因素</td><td colspan="4"></td></tr>
<tr><td colspan="2"></td><td></td><td>目标</td><td>策略与途径</td><td>重点目标</td><td>可行性</td></tr>
<tr><td colspan="2"></td><td></td><td>可量化、可实现、可评估</td><td>实现这一目标的方式、方法、渠道，即前行的任务</td><td>这样做的意义、目的</td><td>可能性</td></tr>
<tr><td rowspan="8">本科毕业目标</td><td>心灵成长</td><td>成熟、清醒、目标感，有定力、自我整合力、自我控制力</td><td></td><td></td><td></td><td></td></tr>
<tr><td>知识结构</td><td>长期利于促成厚积薄发，短期利于达成目标</td><td></td><td></td><td></td><td></td></tr>
<tr><td>专业知识</td><td>与毕业前目标一致，平均成绩</td><td></td><td></td><td></td><td></td></tr>
<tr><td>通用知识</td><td>与人生目标一致，泛读知识面</td><td></td><td></td><td></td><td></td></tr>
<tr><td>能力结构</td><td>与未来职业、生涯目标一致</td><td></td><td></td><td></td><td></td></tr>
<tr><td>关键能力培养</td><td>与毕业后目标一致</td><td></td><td></td><td></td><td></td></tr>
<tr><td>爱情发展</td><td>学习亲密相处的能力、理性与感性平衡的能力</td><td></td><td></td><td></td><td></td></tr>
<tr><td>其他</td><td></td><td></td><td></td><td></td><td></td></tr>
</table>

以上是我认真思考之后的结果，我充满信心、决心坚定地按照规划去执行。

签名：

日期：

来源：中国人力资源开发，2014年9月。

附录二：学业规划与过程管理表

把上表分解到年度。做好过程管理，可以更好地实现学业目标，每天总结并修正。

含义		目的	本科目标	年度重点目标	路线规划、对策
与毕业后目标一致			结果描述	目的与结果描述	具体对策、内容
知识学习管理	专业学习	科技创新或创业方向			
	第二专业学习	补充专业学习			
	历史泛读				
	行业泛读				
	名人传记泛读				
	其他泛读				
	期刊、报纸、专业网站等				
能力成长管理	社会实践兼职	了解社会、增强能力			
	社团工作	提升管理协调能力、影响力			
	班级工作	提升管理协调能力、影响力			
	师友交往				
	恋爱				
	日常自我管理				
	艺术修为	心灵成长			
	静心修为	心灵成长			

以上是我认真思考之后的结果，我充满信心、决心坚定地按照规划去执行。

签名：

日期：

来源：中国人力资源开发，2014 年 9 月。

附录三：简易职业生涯规划报告书模板

____________________的职业生涯规划

一、我的课程学习目标是_______________，如果这些学习目标能达成，那是因为我做了：

1. ____

2. ____

3. ____

二、我选择的岛屿是：________、________、________（按选择先后顺序填写）

三、我的 MBTI 类型

1. 能量倾向：________________（外倾 E 或内倾 I）

2. 获取信息：________________（感觉 S 或直觉 N）

3. 决策判断：________________（思考 T 或情感 F）

4. 行动方式：________________（判断 J 或知觉 P）

四、我的核心价值观

1. ________________ 2. ________________ 3. ________________

4. ________________ 5. ________________

五、我的能力清单

1. 知识层面：

2. 技能层面：

3. 潜能层面：

六、我感兴趣的职业选择（请把最感兴趣的职业写在第一项）

1. ________________ 2. ________________ 3. ________________

七、对我而言最合适的职业探索方法

1. ________________

2. ________________

3. ________________

八、我的SWOT分析

S优势	W劣势
O机遇	T威胁
ST分析	OW分析

SWOT分析结论：

____

____

____

九、我的生涯目标

1. 长期目标：

2. 中期目标：

3. 短期目标：

十、计划与实施

十一、协助人和监督人

十二、备用方案

设计者：华南师范大学，陈璐，2014年6月。

附录四：图书馆行业分析报告摘要

一、行业现状

本报告以图书馆行业为调研对象，以广东省为调研范围。本部分主要通过传统图书馆与现代图书馆对比的方式对图书馆的种类、历史发展状况、使命与目标、业务范围、组织架构与职能等方面的发展状况进行了介绍，并探讨了图书馆行业在产业链中所占的位置，解决了行业最基本的五个问题："when（行业的历史发展状况）"、"what（这是一个什么行业）"、"who（行业中的组织架构）"、"why（该行业为何而存在）"、"how（如何认识或如何进入该行业）"。

在分析图书馆行业外部环境时，本小组采用PEST模型分析法，从政策、经济、社会、技术四部分来分析阐述，结合广东省图书馆行业近几年的发展状况，得知目前广东图书馆行业的优势地位和问题所在，竭力还原出当今广东图书馆行业的真实面貌。

运用SWOT模型对广东公共图书馆行业作竞争力分析，列出该行业的四点优势、三点劣势、两点机会、四个威胁，并据此作出相应的优势—机会战略、优势—威胁战略、劣势—机会战略以及劣势—威胁战略，旨在促进广东图书馆行业在近几年出现的"流动图书馆"模式、"图书馆之城"模式、政府主导的发展模式、"集群图书馆"模式、"联合图书馆"模式组成的"岭南模式"继续发展壮大，促进整个图书馆行业发展，从而带动全省乃至辐射影响全国的文化事业发展。

二、发展前景

面对着全球化浪潮，文化软实力成为国家政策一个重要的立足点。而在2013年1月30日，文化部正式发布了我国第一个全国性的公共图书馆事业发展五年规划《全国公共图书馆事业发展"十二五"规划》（以下简称《规划》）。在这样一个政策环境下，体现了国家对文化产业的重视。因此作为文化产业的重要基地，作为依赖中央及地方财政支持的图书馆行业也将得到一个长足稳定的发展。这也为本小组的图书馆行业的前景分析提供了强有力的辅证。

通读《规划》以及相关资料，本小组归纳出五个发展前景的方向并对其进行详尽分析，分别是图书馆趋向专业化、服务多元化、法制化与规范化、数字化、网络化。五种发展方向并不是对立的，而是并行的。图书馆将迎来以健全的管理机制与法律条例为支撑，以专业化的技术水平为基石，以多元的服务为特色，以数字化及网络化发展为脉络的光明未来。不管是哪一种类型的图书馆，未来的图书馆势必是复合型的，未来的图书馆人才也应是复合型人才。同样，未来图书馆的生命在于特色化。通过对图书馆行业前景方向的分析，我们希冀从中获得人才培养的重要启示。

三、专业部分

本部分报告主要从以下四个方面分析华南师范大学信息管理与信息系统专业：

（一）图书馆发展现状与前景对“专业多才”人才的需求

“十二五”建设对图书馆行业提出的新目标也预示着我国图书馆员职业资格认证制度将进一步完善和提高。这些特质都对图书馆行业人才提出了更高的要求。与此同时，伴随着图书馆行业整体的发展趋势——“数字化”程度越来越高，行业对“数字图书馆员”、“宏观决策人才”等新型人才的需求也将持续增加。随后引出以培养“为国家各级政府管理部门、工商企业、金融机构、科研等企事业单位和信息产业、信息服务部门提供专门性人才”为目标的华南师范大学信息管理与信息系统专业与行业需求具有良好的契合度，符合行业需求。

（二）信息管理专业与图书馆专业培养方式的异同与优势

以中山大学与武汉大学图书馆学专业作为传统图书馆学专业的参照系，对华南师范大学信息管理与信息系统专业的培养方式进行分析。从两专业的历史发展入手，重点对比分析了“培养方式”、“课程设置”、“师资力量”、“学术水平”四个方面，得出信息管理专业的毕业生在“综合性知识与计算机等信息技能方面”相比传统图书馆行业更具备优势，也与图书馆行业的人才需求相契合。同时结合对师生的采访分析得出，华南师范大学信息管理与信息系统专业在进入公共图书馆行业工作时所面临的竞争环境。

（三）国外图书馆馆员相关培训模式的教育与借鉴

通过对美国、德国、日本、英国四国对“图书馆员”、“专业馆员”、“研究馆员”等不同职位的培养方法分析，得出“（1）建立严格的图书馆员准入制度；（2）制定科学的、有前瞻性的人才培养规划；（3）注重培养既专又博的复合型人才”三条启示，对我国图书馆行业相关人才的培养给予了借鉴经验。

（四）学生认可度和专业基本就业概况分析

本报告通过对华南师范大学信息管理与信息系统专业的师生意见进行调研，并通过制作“里克特量表”来量化学生对专业的认可程度，从“优势部分”和“劣势部分”两个方面详细分析了该专业在人才培养方式和方法上的基本概况：在“优势部分”，得出该专业在“师资力量”、“办学成果”以及“符合时代发展潮流”等方面具有不可比拟的优势；在“劣势部分”也看到该专业具有“课时压缩过大”、“学科知识杂糅，竞争力不如单一学科”等劣势。同时，作为参考，本报告也对中山大学图书馆专业的学生进行问卷调研，从两个专业的调研来反映当下广东省图书馆相关专业师生对其所学专业的意见。

同时，本报告通过数据调查分析了信息管理与信息系统专业毕业生的就业流向和发展状况。在本科阶段，本报告对华南师范大学信息管理与信息系统专业从1983年以来近三十年的毕业生就业数据进行分析，得出本科阶段该专业毕业生的择业选择具有“多样化、多领域”的特点；在研究生阶段，分析华南师范大学“图书馆专业”和“情报学”两个硕士专业近三年的毕业去向，并通过与本科阶段的就业数据对比得出学历水平和学科的专业程度对信息管理与信息系统专业毕业生就业方向的影响。

四、就业部分

就业部分从广东省图书馆行业的人才需求情况入手，最终将落脚点设在对希望进入图书馆行业的华南师范大学信息管理与信息系统专业的在校生提出的建议上。

主要结论：

1. 图书馆人力资源管理：不同级别的图书馆部门设置情况有所不同，但是信息咨询部的重要性普遍突出；采集与编目部门合并是趋势；非事业编制人员入职简单，但工资待遇低，几乎无后续发展的可能性；图书馆馆员的晋升有学术与行政两条路线，前者较为正规、公开，为大多数人所采纳。

2. 图书馆转型升级对人才需求的影响：图书馆的发展提出了“全能馆员”的要求；图书馆专业化程度的提高使得“学科馆员”成为新型岗位。

3. 华南师范大学信息管理与信息系统专业有着图书馆学的前身背景及教师资源，为学生提供企业类与公共类的双方面选择。随着计算机技术在图书馆行业的运用，信息管理与信息系统专业的学生在这方面就业的优势将增大。

从往年的就业情况看，华南师范大学信息管理与信息系统专业毕业生进入图书馆行业的起薪较其他行业高，且后续发展情况较好。

注：此摘要为广东省首届“行业—就业—专业分析大赛”特等奖作品（有删减）。

附录五：学生职业生涯规划书范例（非师范生）

职业生涯规划报告书

一、目标描述：环境影响评价工程师

环境影响评价工程师是指取得《中华人民共和国环境影响评价工程师职业资格证书》，并经登记后，从事环境影响评价工作的专业技术人员。

环境问题日益突出，而我作为环境工程专业的学生，对此职业感兴趣，也算是专业对口。

二、个人想法

（一）性格

1. 敢于质疑

对一切事物抱有一种怀疑和好奇心态的我认为这种性格有助于我以一种客观公正的态度对待人和事，并作出客观合理的评价，而这个正是一名环境影响评价工程师应具备的特质。

2. 热爱环保

我是一位环境保护主义者，支持环境、社会、经济共同合理发展的观念，环境影响评价工程师需要通过对一些环境变化的客观调查检测来确定某些工厂或其他单位对某处环境的影响情况，并提出一些行之有效的合理方案，我认为环境保护者能做好这方面的工作。

3. 严谨认真

环境影响评价工程师需要对大量数据进行分析、分类、整合，期间一个小小的计算错误也可能会造成很严重的问题，因此，严谨认真的态度有助于我更好地完成环境影响评价工程师的工作。

（二）对此职业的感觉

我本身是环境工程专业的学生，环境影响评价工程师算是专业对口的职业之一。虽然当初这个专业是家里人帮我选的，但通过一年的学习，我对自己的专业有了更深的了解，且现在环境保护问题越来越突出，对某处环境作出客观的评价也有利于促进环境、社会、经济三方面的和谐发展，故我还是希望能成为一位环境影响评价工程师的。

（三）对此职业的理解

环境影响评价工程师应是通过实地考察、取样分析，客观有效地对某处环境的现状及一些人类活动将对当地环境的影响作出评价，并给出行之有效的可行方案来对当地环境作出合理调整的一种职业。

（四）对此职业的了解

在现今社会，环境问题越来越突出，环境保护与社会发展、经济腾飞之间的矛盾也愈发明显，环境影响评价工程师可以说是一种新兴的、前景广阔的职业，但由于这项职业还处于发展时期，很多相关方面的技术和保障还很不成熟，就业薪酬也不算高。外国虽然也有很多环保相关方面的组织机构，但其发展也不是十分好，且对中国的工程师可能也会有这样那样的想法。且作为一名女生，想要在男生比例占绝对优势的工程师行业里闯出一片天地，恐怕还要花费大量的心血和努力。

（五）家庭成员想法

家庭成员关注到现今国家对环保这一概念的重视度越来越高，认为环保行业的发展也势必会更好，且现在这方面的人才、公司、企业都不是很多，将来必能有大的发展，因而也希望我能朝着这方面去努力。可是实际上他们并不是十分了解环保行业的发展现状，只是看中了这一行业的发展潜力。

（六）客观职业测试数据

根据MBTI职业性格测试的结果分析可知，我具有“善于分析、总结，善于从整体上把握事物，能理解复杂的理论概念，善于将事情概念化，善于从中推断出原则”的优点；九型人格测试的结果也显示我是“怀疑论者”，会“怀疑、检验及寻找双方面的讯息，通过逻辑分析来断定事物”，而环境影响评价工程师正是要依靠客观数据和相关专业知识来分析、总结出问题，并给出合适的解决方案，因此我在这方面也有可努力的空间。

（七）总括

专业对口，家里希望我能朝这个方向努力，自己本身也对这个职业感兴趣，环境影响评价工程师发展前景很好，市场需求较大，但行业发展还不成熟，加上性别因素等问题，成为环境影响评价工程师并不会比成为一位心理咨询师容易。

三、环境影响评价工程师社会环境分析结果

（一）收入情况

应届毕业生起薪一般1000～3000元/月。

（二）就业前景

1. 就业形势：工件好找，待遇不高

环保职业被人们评为了21世纪最热门的职业之一，但是在各种毕业生供需见面会上，环境专业人才受到冷遇，这是因为在具体的环境治理行业，往往投入大于产出，赢利微小，除环保咨询业务与环保技术服务业每年亿元人民币的盈利外，其他行业普遍处于亏损的状态，因此，与此相关的环境类专业毕业生的就业形势也是叫好不叫座。

2. 技术类岗位：学习能力更重要

环境工程主要工作方向还是水处理、垃圾处理、烟气处理，也就是通常所说的“三废”处理，水处理分污水和给水处理，涉及行业门类较多，就业适用面较广；烟气处理是目前最热门与抢手的，薪水很高。

3. 销售类专业：专业性弱，选择面大

大多数环保产品的销售岗位在招聘时，企业会要求毕业于环境工程专业。拥有专业背景的人才可以给客户以专业的解说，同时也可以承担一些售后服务的职能。

四、环境影响评价工程师可选择的就业组织（企业）

（一）政府机构

环保局或环保所。

（二）企业

与环保相关的企业，可能会排放有污染性的废水、废气、固体废弃物等的工厂。

（三）公益环保机构

五、目标分解与组合

(1) 根据学校的培养计划学好专业知识。

(2) 侧重选择大气监测评估、水监测评估方面的选修课程。

(3) 考取华南理工大学或上海大学环境工程类硕士。

(4) 从事环境影响评价方面的工作。

(5) 考取环境影响评价工程师职业资格证书。

(6) 从事环境影响评价工程师的工作。

六、实施方案

（一）短期（大学本科四年）

时间	阶段任务
大一	● 考英语四级 ● 熟悉掌握专业课的知识 ● 自行阅读与环境有关的书籍（可在学校图书馆找到相关书籍） ● 学习心理学和教育学

续上表

时间	阶段任务
大二	● 考英语六级 ● 考计算机二级 ● 自学西班牙语 ● 通过普通话水平测试 ● 自行阅读与环境有关的书籍（可在学校图书馆找到相关书籍） ● 选修大气监测评估、水监测评估方面的课程 ● 在空余时间阅读各方面的书籍（人文、科学等不同范畴领域的书籍） ● 学好专业课知识，保持绩点在3.5或以上
大三	● 做好考研的相关准备 ● 开始找实习工作（尽量找环保行业如环保局、环境监测局等单位的实习工作） ● 自学西班牙语 ● 在空余时间阅读各方面的书籍（人文、科学等不同范畴领域的书籍） ● 学好专业课知识，保持绩点在3.5或以上
大四	● 考研（目标：华南理工大学或上海大学环境工程类硕士） ● 自学西班牙语 ● 完成毕业论文 ● 本科毕业

（二）中期（大学本科毕业至硕士毕业）

（1）获得教师资格证。

（2）修读硕士课程。

（3）实习（尽量找环保行业如环保局、环境监测局等单位的实习工作）。

（4）跟导师进行环境类相关课题的研究、实地考察。

（二）长期（硕士毕业以后）

（1）从事环境影响评价方面的工作。

（2）考取环境影响评价工程师职业资格证书（从事环境影响评价工程师方面的工作3年后）。

（3）从事环境影响评价工程师方面的工作。

七、评估与修正

（一）职业路径评估

当出现政策改变的时候，我将仔细分析政策走向，并调整自己当前的发展方向。

当出现其他兴趣的时候我将分析考虑自己对这个兴趣的深浅程度，理清这个兴趣与我原来的目标的关系与自己对其的重视程度，并作出适当的决定。

（二）实施策略评估

如果争取保研不成功，我就要考虑是要坚持考研还是要适当改变考研目标甚至是放弃考研的问题。

（三）其他因素评估

当家人的想法与我个人的想法有冲突时，我需要考虑是否要修正我的职业生涯规划。

当身体出现什么大问题的时候我需要考虑自身的身体状况是否适合继续这个方向（尤其是环境影响评价工程师）。

当家里的经济状况出现变化时，我需要根据实际情况适当修正规划书。

当机遇不期而至的时候我需要考虑发展方向的变化，并适时修正，朝更有利于自身发展的方向前进。

八、检查的时间

在一般情况下，我定期（每个学期末）评估规划，以求在不断地自我探索与规划实施的过程中找到我真正的目标。当然，当出现特殊情况时，我会随时评估并进行相应的调整。

九、规划修订的原则

（1）当实际实施情况偏离规划时，需要考虑是要对实践作出修正还是要对规划书的内容作出修正。

（2）当实施规划过程中发现规划书存在的一些不完善的地方，需要及时作出修正。

（3）计划赶不上变化，只有定时对规划书进行评估和修正才能符合个人的发展要求。

支撑材料一：MBTI职业性格测试

一、您的MBTI图形

INFJ 博爱型——基于博爱的理想，设身处地的关怀他人

MBTI倾向示意图（类型：INFJ 总倾向：29.7）

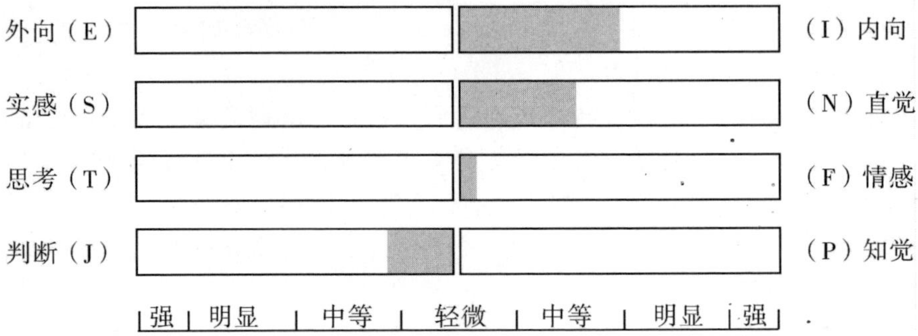

二、基本描述

才储分析：您的性格类型倾向为“INFJ”（内向　直觉　情感　判断　倾向度：I75 N68 F52 J60　不假思索指数：17）。

寻求思想、关系、物质等之间的意义和联系。希望了解什么能够激励人，对人有很强的洞察力。有责任心，坚持自己的价值观。对于怎样更好地服务大众有清晰的远景。在对于目标的实现过程中有计划而且果断坚定。

INFJ 型的人生活在思想的世界里。他们是独立的、有独创性的思想家，具有强烈的感情、坚定的原则和正直的人性。即使面对怀疑，INFJ 型的人仍相信自己的看法与决定。他们对自己的评价高于其他的一切，包括流行观点和存在的权威，这种内在的观念激发着他们的积极性。通常 INFJ 型的人具有本能的洞察力，能够看到事物更深层的含义。即使他人无法分享他们的热情，但灵感对于他们重要而令人信服。INFJ 型的人忠诚、坚定、富有理想。他们珍视正直，十分坚定以至达到倔强的地步。因为他们的说服能力，以及对于什么对公共利益最有利有清楚的看法，所以 INFJ 型的人会成为伟大的领导者。由于他们的贡献，他们通常会受到尊重或敬佩。因为珍视友谊和和睦，INFJ 型的人喜欢说服别人，使之相信他们的观点是正确的。通过运用嘉许和赞扬，而不是争吵和威胁，他们赢得了他人的合作。他们愿意毫无保留地激励同伴，避免争吵。通常 INFJ 型的人是深思熟虑的决策者，他们觉得问题使人兴奋，在行动之前他们通常要仔细地考虑。他们喜欢每次全神贯注于一件事情，这会造成一段时期的专心致志。满怀热情与同情心，INFJ 型的人强烈地渴望为他人的幸福做贡献。他们注意其他人的情感和利益，能够很好地处理复杂的人际关系。INFJ 型的人本身具有深厚复杂的性格，既敏感又热切。他们内向，很难被人了解，但是愿意同自己信任的人分享内在的自我。他们往往有一个交往深厚、持久的小规模的朋友圈，在合适的氛围中能产生充分的个人热情和激情。

您适合的领域有：咨询、教育、科研、文化、艺术、设计等领域。

您适合的职业有：特殊教育教师、建筑设计师、培训经理/培训师、职业指导顾问、心理咨询师、网站编辑、作家、仲裁人、人力资源经理、事业发展顾问、营销人员、企业组织发展顾问、职位分析人员、媒体特约规划师、编辑/艺术指导（杂志）、口译人员、社会科学工作者、心理诊疗师、大学教师（人文、艺术类学科）、（心理学、教育学、社会学、哲学及其他领域的）研究人员、诗人、剧作家、电影编剧、电影导演、画家、雕塑家、音乐家、艺术顾问、设计师。

三、气质类型

根据大卫．凯尔西（David Keirsey）气质与性情理论可知，您属于“理想主义者”。下面是对“理想主义者”的描述：

“理想主义者”型的人感兴趣的是事物的意义、关系和可能性，并基于其个人的价值观念做出决定。这是一类关心个人成长和如何理解他人与自我的人。

“理想主义者”做人的原则是“真实地面对自己”，是精神上最具哲理性的人。“理想主义者”乐于接受新的思想，善于容纳他人。

“理想主义者”好像永远在寻找生存的意义。他们非常崇尚人与人之间和各种关系中的真实和正直，容易将别人理想化。许多“理想主义者”本能地喜欢帮助别人成长和进步。“理想主义者”是很好的传播者，被人们认为是促进积极变化的催化剂。

他们天生能够理解别人的情感，关心他们在生活、工作中碰到的人们（如同事、病人或客户、雇员）的需要。

对于“理想主义者”型的人而言，一份好的工作应该是对他们个人很有意义的工作，而不是简单的常规工作或只是一种谋生手段。“理想主义者”崇尚和谐，不愿意在一种竞争激烈或四分五裂的环境中发展。他们喜欢民主、能够激励各种层次的人们高度参与的组织。他们会被那些促进人性价值的组织或那些允许他们帮助别人完成工作的职业所吸引。

总体描述：

1. 对别人的情绪敏感，能理解、体会别人的心情，善于安慰、鼓励别人。
2. 对文字、语言敏感。
3. 善于分析、总结。
4. 善于从整体上把握事物。
5. 能理解复杂的理论概念，善于将事情概念化，善于从中推断出原则。
6. 擅长策略性思维。

潜在的弱点：

1. 有仅仅凭个人的好恶或价值观来决定事情，并希望别人也以同样的角度或标准来处理问题的倾向。

2. 有时他们心里老想着别人的问题，可能会过于陷于其中，以至于被其困扰。

3. 有时容易将别人或事情理想化，不够实际。

4. 不是特别善于管束和批评他人，尽管常常自我批评。有时会为了和睦而牺牲自己的意见或利益。

5. 有些此类型成员比较容易动感情，情绪波动较大。

四、优势与劣势

（一）优势

您有计划、有条理，喜欢遵照固有的模式处理问题，乐于探求独特的方式以获得有意义的成长和发展。您通过认同和赞扬与别人进行沟通，具有很强的说服力。您可以成为伟大的领导者，您的贡献被人尊敬和推崇。

您喜欢独处，性格复杂，有深度，是独立的思考者。您忠诚、有责任心，喜欢解决问题，通常在认真思考之后行动。您在同一时间内只专注一件事情。

您有敏锐的洞察力，相信灵感，努力寻求生活的意义和事件的内在联系。您有坚定的原则，就算被别人怀疑，也相信自己的想法和决定，依靠坚韧不拔取得成功。

他人能随时体会到您的善良和体贴，但不太了解您，因为您总是做得含蓄和复杂。事实上您非常重感情，忠于自我价值观，有强烈的愿望为大家做贡献，有时候您也很紧张和敏感，但表现得深藏不露；您倾向于拥有小范围的深长久远的友谊。

（二）劣势

您的完美和固执，使您易走极端。一旦决定后，拒绝改变，并抵制那些与您的价值相冲突的想法，以至于变得没有远见。您专注地追求一个理想，不会听取别人的客观意见，因为自己的地位是不容置疑的。

您总是探寻事情的意义和价值，过于专注各种想法，会显得不切实际，而且经常会忽视一些常规的细节。您需要留意周围的情况，并学会运用已被证实的信息，这样可以帮助您更好地在现实世界中发挥您的创造性思维。

您敏感，非常关注个人的感受和他人的反应，对任何批评都很介意，甚至会视为人身攻击。对您来讲，您需要客观的认识自己和周围的人际关系，更好地促进事情向正面转化。

支撑材料二：九型人格测试

下面的图，呈现了九型人格的理论模型和您在各个类型人格特点上的得分情况（括号中的数字为相应类型上的得分）。分数越高，表明该类型人格特点在您身上表现得越明显。

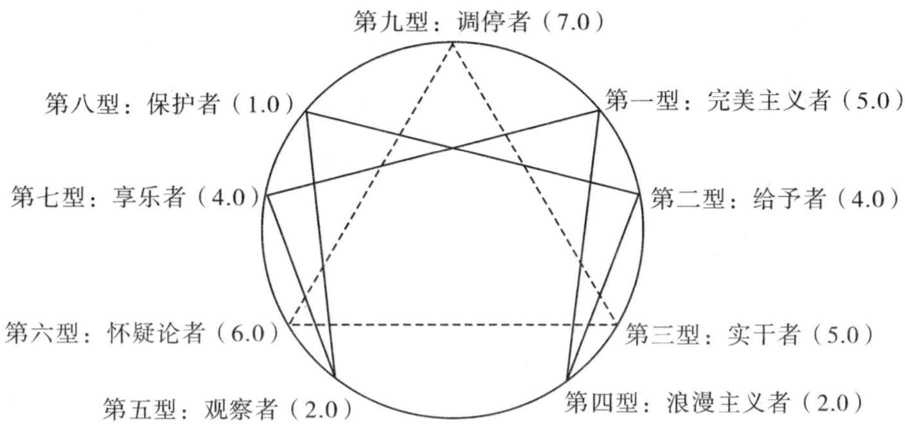

从以上的测评结果可以看到：

您的基本性格特点为：调停者、怀疑论者和完美主义者。

（一）您的基本性格类型的解读

1. 调停者相信：世界并不因你是谁而另眼相看，它要求人们相互协调以体验舒适感和归属感。

而往往忽略了这样的事实：每个人都应该平等地相处，应该平等地、无条件地相爱。

因此，调停者学会忘记自我，与别人打成一片；学会避重就轻。

调停者把注意力集中于：

· 别人的议程、要求和需要，周围任何能吸引注意力的事物。

会把精力投入到：

· 注意他人的感受并极力使他人快乐；

· 维持舒适、自在的生活，避重就轻；

· 循规蹈矩，这样生活就可以在掌握之中；

· 保持对人和善、心情平静，抑制愤怒。

竭尽全力以免：

· 冲突、对立、产生不舒服的感觉；

· 需要投入很大注意力与精力的要求。

优势在于：

· 关注别人，有同情心，乐于助人；

· 有责任心，坚定，适应性强，能被别人接受，能接纳别人。

个人发展的阻碍在于：

· 觉得自己不会计划；

· 认为自己不值得去追寻自己的目标；

· 把任何事情都看得一样重要，因此也就错过了真正应该优先考虑的事；

· 避免因改变而带来的不适与中断。

压力产生于：

· 表明立场；

· 拒绝别人，遇到令自己气恼的人；

· 不得不及时地做出决定，不得不排出先后次序；

· 做出自己不想做出的承诺。

愤怒源于：

· 别人不重视自己；

· 觉得自己被别人控制，被迫面对冲突。

2. 怀疑论者相信：世界是危险的、有威胁的，人们不能相信别人。

而往往忽略了这样的事实：最初我们都信任自己、别人，还有整个世界。

因此，怀疑论者虽然感到害怕、怀疑，但是由此学会警惕与质疑，挑战权威，与察觉到的威胁和危险作斗争，挑战安全感，勇敢面对风险。

怀疑论者把注意力集中于：

· 危险的或者可能出错的东西，潜在的有缺陷、有困难、不合理的事物；

· 暗示、推论以及隐藏的含意。

会把精力投入到：

· 怀疑、检验及寻找双方面的讯息，通过逻辑分析来断定事物；

· 扮演唱反调的人，对权威既肯定又否定；

· 展露实力；

· 通过从别人那里获得友好来赢得安全感，讲信誉，专心致力于有价值的事业。

竭尽全力以免：

· 在面对危险与伤害的时候显得无助或者无法控制，向危险与伤害低头；

·陷入怀疑与反面的观点；

·通过反驳或否定疏远信赖的人。

优势在于：

·可信赖，忠心，慎重，坚定不移，负责，可以提供保护；

·好问，热心；

·有直觉力，机智，敏感。

个人发展的阻碍在于：

·怀疑，矛盾情绪，凡事都要非常肯定，追求过分的控制或者过分的保护；

·怀疑自己的能力与决定，让最坏的打算占据自己的念头。

压力产生于：

·给自己施加的压力，即努力应付不确定与不安全的事物；

·对于权威的困惑，既可能过分地服从又可能完全反叛；

·当自己对别人产生猜疑和矛盾情绪时，仍然设法保持对他们的信任和友善。

愤怒源于：

·言而无信，背信弃义；

·被逼到绝路，受控制或者受压迫；

·与要求太多的人交往；

·别人对自己不负责。

3. 完美主义者相信：人们并非因为他们是谁而被接受，他们的良好行为是大家所期望和认同的，而他们的不良行为和冲动是大家所不齿的，而且还会受到惩罚。

而往往忽略了这样的事实：我们都是一样的，而且我们很出色。

因此，完美主义者通过做一个心地好、尽职尽责的人，做一个行事正确、循规蹈矩而且自我要求高的人，学会获得关爱和自我关注。他们压抑愤怒，却又同时滋生了紧张与怨恨。

完美主义者把注意力集中于：

·事情的错与对，尤其是那些应该得到纠正的错误；

·自我批评与别人对自己的批评。

会把精力投入到：

·使事物恢复正常；

·有关正直的问题，坚持重要的标准；

·做一个有责任心、自立的人，而压抑个人需要及生理需求。

竭尽全力以免：

·做错事，失去自控，违反社会规范。

优势在于：

·正直；

·重视自我提高，非常努力、刻苦，自我要求高；

·能自我克制，非常负责。

个人发展的阻碍在于：

·内在评价标准不接受更快、更好的改进措施；

·为了把事情办好而拖延时间或者过分注意细节；

·工作太多，运动太少。

压力产生于：

·不能平息对自己的批评及与此相关的焦虑与担忧；

·被个人的职责压得透不过气来；

·有太多必须做对的事，做的错事比对事多；

·释放怨恨及相关的紧张；

·别人的职责，或者别人做错了却不负责。

愤怒源于：

·不公平，受到不公正的批评；

·不负责任，做错事，公然忽视或违背规则。

（二）其他类型的解读

1. 实干者。

实干者通过努力工作获得成功；通过保持良好的形象学会如何去赢得别人的喜爱与承认，并形成了自我激励、勇往直前的精神。

实干者把注意力集中于：

·所有要做的事情，如任务、目标以及将来的成就；

·最有效的解决方法；

·怎样成为最出色的人。

会把精力投入到：

·快而有效地把事情做好，调动所有能达到成功的因素；

·保持积极与忙碌，参与竞争，通过成绩来获得承认与信任；

·提高自我，举止优雅。

竭尽全力以免：

·不能达到理想目标，停滞不前及行事缓慢所引发的不适感和怀疑；

·别人比自己出色，丢面子；

·所有妨碍办事的因素，也包括情绪。

2. 享乐者。

享乐者通过参与愉快的活动，通过想象未来可能发生的美妙事物，学会让自己摆脱限制与烦恼。他们热衷于有趣的想法和经历。

享乐者把注意力集中于：

· 有趣的、令人快乐的、奇妙的想法、计划、选择方案；

· 不同领域的信息与知识之间的相互关联；

· 所有自己想要的。

会把精力投入到：

· 尽可能地体验和享受生活，坚持自由选择，保持乐观态度；

· 保持活跃的想象力；

· 讨人喜欢，让人放心；

· 维持特权地位。

竭尽全力以免：

· 挫败、约束及限制，让人烦恼的处境或者让人心烦的感觉；

· 无聊。

3. 给予者。

给予者通过引发他人的需要以及给予他人所需要的东西，学会如何满足自己的个人需求，同时也期望别人以同样的方式来帮助自己。他们很自豪，因为他们认为自己对别人来说是必不可少的。

给予者把注意力集中于：

· 别人的需求，尤其是那些他们所关心的人和关心他们的人的需求；

· 人际关系，别人每时每刻的感受和情绪。

会把精力投入到：

· 察觉别人的情感需要，满足别人的需求，使他人感到愉快；

· 给别人留下好的印象，保持别人对自己的认同；

· 浪漫的依恋。

竭尽全力以免：

· 使别人失望，被拒绝或者不被欣赏；

· 依靠别人。

4. 观察者。

观察者试图不去理睬冒昧的要求，不让自己被私人的、过于自信的事情弄得筋疲力尽；为了做到这些，压抑自己的期望与需要，并积累了大量的知识。他们有时也会产生贪婪的念头，但仅仅是针对那些不可或缺的东西。

观察者把注意力集中于：

· 智力领域，事实，分析和思维划分；
· 对自己的要求与干扰。
会把精力投入到：
· 从旁观者的角度去观察；
· 学习关于某个事物的方方面面；
· 前瞻性地思考和分析；
· 简化情绪，独立自主，节俭，保持足够的个人空间。
竭尽全力以免：
· 强烈的情绪，尤其是害怕的感觉；
· 打扰、要求别人或周围的事物；
· 无能与无知的感觉。

5. 浪漫主义者

浪漫主义者试图去寻找一份理想的爱情，或者去寻找一个完完全全、彻彻底底的完美环境使自己感受到爱；对那些正在失去的东西既渴望又羡慕。

浪漫主义者把注意力集中于：
· 与过去、未来有关的积极的和引人注目的事物；
· 正在失去的、遥不可及的事物；
· 从审美角度看，使人愉快、有意义而且能触动人心的事物。
会把精力投入到：
· 为那些没有的或正在失去的东西感到强烈的悲哀和渴望；
· 寻找关爱，寻找价值，寻找自我表现和深入交往过程中的满足；
· 将自己塑造成一个独特的人。
竭尽全力以免：
· 被拒绝、被遗弃、被欺骗或者让自己变得无关紧要、平凡；
· 觉得自己不符合标准，觉得自己做错了什么；
· 对人和事缺乏情感深度。

6. 保护者

保护者为了保护自己和他人，也为了获得他人的尊重，通过真诚和隐藏自己的弱点让自己变得强大有力。当逐渐变得强大有力时，他们开始依靠自己的本能。

保护者把注意力集中于：

· 权利与控制，公正与不公正，欺骗与操作，极端的两面以及需要立即采取行动的任何事物。

会把精力投入到：

·控制并统治所有接触范围内的人和物；

·采取直接行动，面对冲突；

·保护弱者和天真的人，因为强大和公平而赢得尊重。

竭尽全力以免：

·柔弱，有弱点，不可靠，或者有依赖性；

·敬重的人不再关注自己。

（三）下一步行动建议

1. 具有调停者特点的您应该认识到：人与人之间的关爱是无条件的、平等的，我们的价值和幸福来自我们自身。

如何促进您的个人发展：

·关注自己的需要与幸福，将发怒作为情感受挫折的一种信号，并提醒自己去注意，当做次优选择（如电视、食物、差事、家务事）时，应该提醒自己注意压抑在内心的情绪；

·注意自己的优柔寡断，因为它会妨碍自己分清主次以及采取相应的行动；

·将不适感和改变作为生活中很自然的一部分；

·学会爱自己，爱别人。

2. 具有怀疑论者特点的您应该认识到：信任自己与别人是很自然的，我们可以没有猜忌地拥抱生活。

如何促进您的个人发展：

·做自己的权威，恢复对自己、对别人以及对世界的信任，接受某些不确定与不安全感，因为它们是生活中不可或缺的一部分；

·审视自己对别人的关心与敬畏；

·减少对焦虑的意识，有一种方法就是保持忙碌；

·认识到逃避与对抗都是应对恐惧的反应，虽然害怕，但还是要以积极的态度勇往直前。

3. 具有完美主义者特点的您应该认识到：我们都是很出色的（每个人都是），我们的价值和健康都是与生俱来的，它们并不依赖于我们的对或错。

如何促进您的个人发展：

·“正确的方法不止一种，那些所谓‘错误’的办事方法只不过是源于个体差异”，接受自己与别人并非都是十全十美的，学着去原谅自己和别人；

·多给自己一些时间去放松和娱乐；

·质疑严格的行事规则与内在的严格标准；

·识别怨恨，它是压抑需求的信号，将期望与正常的冲动融入自己的生活中。

附录六：学生职业生涯规划书范例（师范生）

引　言

如果人的一生有80年，将他比喻为一天24小时，那么现在的我们20岁，仅仅是在早晨的六七点，这刚好是我们起床开始新的一天的时刻，太阳才刚刚升起，我们的人生才刚刚开始。这正是我们踏向梦想之旅的好时期。总会有人说现在太迟了，这个梦想已经不能实现了，每天总是会有很多负面的思维在我们的脑子中活跃。昨天已经是历史，明天依旧是个谜，今天是我们能得到的最好的礼物，只有今天这个词是老天给你的一个礼物。既然今天才是老天给我们的最好的礼物，那么我们就更应该珍惜今天，为我们的目标去一步步前进。

一、自我认知

（一）自我评价

看过乐嘉的《色眼识人》的人就知道，乐嘉老师把人的性格分成了“红”、“蓝”、“黄”、“绿”四种颜色。经过测试，我了解到自己是属于“绿红”的人，这虽然不能作为绝对评判依据，但多多少少也让我更了解自己。我有着典型的绿色性格的随和、不计较、没有攻击、乐于帮助他人等特性，也有红色性格的热情开朗、喜欢交友、对每一件事总是抱有乐观的态度等特性，还有着绿色性格的懦弱胆小、没有主见、缺乏激情、害怕冒险等缺点及红色性格的粗心大意、杂乱无章、缺乏自控等缺点。

（二）人格测试

在我的DISC人格测试报告（详见支撑材料一）中，我是属于SI型性格（S为稳健型，I为影响型）的人格行为。SI型的人被称为支持者，注重关系价值，团队成员能否友好地协作对我来说非常重要，喜欢和其他人融洽相处、合作，不喜欢独立、隔离的项目工作，不喜欢竞争，不喜欢关系紧张，充满敌意的环境，很少说“不”，平易近人且随和，但却表现出缺乏自我的激励与约束性、可能忽视自己的需求、不具有主动性、压抑自己等缺点。

【结果分析】这个结果，与之前乐嘉老师的“性格色彩测试”有着相似之处。而就我自己对自己的认识，我总是喜欢在一个没有压力、没有矛盾的生活氛围中，争吵和斗气总是会让我感到不安和焦虑，总是希望尽自己的力量，去将周围的氛围调节得和谐一点，但却又会因为害怕让别人不开心、不满意而不敢勇敢地说出自己的想法，维持着一个“老好人”的形象，却有时候懊恼自己的行为，明明不想去做，却因为不忍心说“不”，而去做自己不喜欢的事情。慢慢地意识到这个问题后，在这个学期，我已经把自己的座右铭改成“努力做自己想做的事，不管别人的眼光”，力求以后在更多的选择中，尊重自己内心真正的想法。

（三）职业兴趣

在我的职业兴趣测评报告（详见支撑材料二）中，职业兴趣前三项是社会型（20分）、企业型（16分）、研究型（14分）。

这个测试结果和我对自己的认识也是比较一致的，我希望自己能成为一名优秀的中学老师，而社会型的人具有以下特点：

（1）较强的社会责任感及人道主义倾向；

（2）对人慷慨、仁慈，喜欢倾听和关心别人，能敏锐地察觉别人的感受；

（3）个性温暖、友善，乐于助人，能与周围的人融洽的相处；

（4）在团队中，乐于与人合作，有责任感，不爱竞争；

（5）喜欢从事与人接触的活动，关心人胜于关心物。

【结果分析】这个结果正是与我的职业兴趣和我的理想相契合的。我喜欢与别人交流经验，分享我的所悟所感，把我自己会的东西分享给别人，并且享受着被需要的感觉，总觉得被需要是一件很幸福的事。而教师这一份职业正好能够符合我这个性格特点。

（四）职业价值观

在我的职业价值观测试报告中（详见支撑材料三）显示，我最看重的职业价值要素为“利他主义”（8.5）、“上司关系”（8.5）、“安全稳定”（8.0）、“成就满足”（8.0）和“同事关系”（8.0）。

我总是希望自己的工作能为大众的幸福和利益尽一份力，希望领导人品好、公正，能愉快地沟通相处，希望工作稳定，也希望能得到领导和同事的肯定、赞扬等；总是希望能和同事关系和睦。对于工作的多样化及管理的权利的期望却很低，不需要有一个领导权的地位。

【结果分析】这一份测评中，没有分数特别高的，前5项的分数都是差不多的。“利他主义”和“上司关系”是我没有想过的，觉得“利他主义”在我的价值观中体现的，就是我希望给学生一个好的引导，将自己所悟所感和经验教训分享给学生，让他们能够更加轻松、快乐地度过他们的学习生活。而“成就满足”体现在我很享受学生能够真正地在我身上学到知识的成就满足，当学生真的觉得他们需要我的时候，我就觉得我的生命更加富有意义了！而教师这份职业的“安全稳定”也恰好符合我的职业价值观。

（五）心智之墙定位

这个测试报告是我在《拆掉思维的墙》一书中做的测试所得出的，觉得测得挺准确的，所以也把它放进我的“自我认知”这一栏里，帮助我更深入地理解自己。报告的指数如下：

无趣之人：27　无我之人：22　泛成功学：20　等死：19

受害者：18　安全感囚徒：17　独脚架：16　完美主义：13

我的心智之墙叫作“无趣之人”，我是一个过于看重结果，而不看重过程的人。在生活、学习、工作中，我很难投入到当下的快乐中去，有时候也会在热闹的场合冷眼旁观。对很多事情都提不起劲，做事往往只有三分钟热度，我所期待的那种长久的热度从来没有出现。我的内心，会有一种信念“我必须”模式：“我必须要确定这个东西的结果，我才应该投入……”等行为模式。

【结果分析】结合我自己的行为习惯，我发现这个测试结果与自己的真实情况有着惊人的相似，我总是目的性很强地去做一件事，当我发现某一件事和我的目标挂不上钩时，我就对这件事提不起劲。这种“过度结果导向者”的特点是在我幼年时形成的，但是当我慢慢成年，遇到可以自由选择生活方式的时候，这种性格特点往往会阻碍我获得真正的快乐。很可能我真正损失的是那些来自生活的乐趣，因为真正持久的乐趣是来自于不计回报的付出过程。因此在生活中我应该慢慢地从以下几点开始改变。

（1）遇到新的事物，尝试把我的判断放在一边，好好地感受这个新鲜事物；

（2）做一些小小的疯狂的事情；

（3）不要等到做出完美判断才开始行动，可以边做边看；

（4）每周留点时间给自己，做那些完全没有回报的事情；

自我分析小结：总的来说，我是性格随和、易于相处的人，注重团队效益，喜欢帮助他人，喜欢交朋友，能与周围的人融洽相处，不喜欢竞争，不喜欢矛盾，追求自由。结合自身实际及几项测试报告，我发现我还是特别适合当一名教师的。但是我也存在不少的缺点，比如，太注重结果而易于忽视过程中的快乐、不懂得怎样去拒绝别人等缺点。

二、职业简述

（一）中学老师职业概述

中学是步入大学的关键一步，是知识积累的重要时期。中学老师在关心学生健康成长的同时，还有一个重要的任务就是传授知识。中学的学习方式不同于大学的自由学习，它需要老师一字一句地传授，将知识点讲得面面俱到，且需要不断地强化记忆，这也就使得中学老师需要承担较大的压力。即便如此，中学老师也为自己对学生在重要时期起到的推动作用感到无比欣慰和自豪。

（二）中学老师工作内容

（1）安排教学进度，按照大纲要求备课并做好备课笔记，按时提交教务处检查；

（2）课堂讲课，教授所在学科知识，在条件允许的情况下尽可能采取多媒体教学、电化教学等现代化教学手段，提高授课质量；

（3）批改和讲解学生作业；

（4）组织考试，选择或编写考卷，批改试卷并登记学生成绩；

（5）做好辅导、答疑工作，安排好辅导时间和地点；

（6）对学生进行个别辅导，必要的时候进行家访，指导学生形成健康的身体和心理素质；

（7）积极参与课程建设和课程改革，参加教学研究，不断总结和改进教学方法，跟踪本学科理论和技术发展，并运用到教学过程中。

（三）中学教师职业要求

（1）教育培训：心理学、教育学、数学、物理、化学、语文、英语等相关专业大专以上学历。教育部的中学教师资格认证（分初级中学教师资格和高级中学教师资格）是成为中学教师的必备条件。

（2）工作经验：热爱教师工作；基础理论扎实，具有一定分析、解决问题的能力和组织协调能力；身体状况良好，性格开朗，有亲和力和责任心，语言表达能力强。

（四）工资薪酬

就目前而言，中学教师的工资一般为1000元到4000元不等，不包括补贴及奖金。据我之前了解及访谈（支撑材料四），就广东而言，除珠江三角洲之外的其他地区，工资还是偏低的，且教师存在一定的收入分配不均的现象。私立学校工资会比较高一点，但却存在无编制、无保障等问题。

（五）职业发展路径

一般中学老师随资历的增加和工作能力的提升可以由一级教师向高级教师、特级教师方向发展。具备管理才能的老师可以晋升到学校各部门行政主管的位置，还可以向政府的教育部门寻求更有竞争力的职位。总的来说，教师这一份职业的发展空间是比较小的，一般不会有太大的改变。

三、职业生涯条件的分析

（一）家庭环境分析

（1）经济状况：一般。

（2）家人期望：父母希望我能够过安安稳稳的生活，他们也觉得我的性格比较温和，很适合当一名教师，所以这份职业是十分符合父母的期待的。

（3）家庭对本人影响：父母从小寄予的期望是比较大的，总是希望我能够过得更好一点，所以从小就特关注我的学业成绩，但却没有给我太大的压力，不会给我设任何的目标，只要我尽力了就好。我的家庭是特别和睦的，没有争吵，没有纠纷，这也在很大程度上造就了我性格温和的一面。

（二）学校环境分析

我所读的学校是学科门类齐全的国家“211 工程”重点建设大学和广东省省属重点大学，而物理学（师范）作为学校的名牌专业，主要培养中等学校师资，毕业生也适合在大专院校中从事物理学及电子技术实验教学和管理、维护工作。总的来说，学校本身能提供给我的是很不错的资源，关键是我能不能好好地利用。

（三）社会环境分析

我国从 2003 年开始，在全国范围内逐步实施教师资格认证制度，面向社会吸纳师资。同时，鼓励综合性高等院校参与培养、培训中小学教师，使师资来源多元化。由于受社会认同和学校品牌的长期影响，普教系统仍然是师范院校尤其是部属师范院校的优势就业领域。但由于目前教师已经处于饱和状态，尤其是广东的教师岗位基本饱和，不存在特别欠缺的状态，在就职找工作时，不仅有同届的同学竞争，更有往届的师兄师姐和研究生竞争，压力特别大；加之广东人大多不愿意离家太远，强大的竞争均集中在广东地带，形势不容乐观。

职业生涯条件分析总结：目前的条件，无论是家庭背景还是学校背景对我来说都是比较有利的，但总体的社会形势却不是特别的乐观，就业竞争激烈，在珠江三角洲地区就业更是难上加难。所以当前为了更好地提高竞争力，必须扎实地提高师范技能，增强自身专业功底。

四、职业认知

（一）生涯人物访谈

在生涯人物访谈中，我分别访谈了三位教师，其中一位为华南师范大学物电学院大学教授，另两位分别为一广州私立学校中学物理教师及潮州一中学的政治教师。在访谈中，我感受到了不同教师对这份职业的喜爱与无奈，以下四点，是我访谈之后的感悟：

(1) 一定要努力找到自己喜欢的职业。能不能找到自己喜欢的一份工作，是一件多么重要的事情。喜欢上这一份职业的老师，总是会在访谈中表现出激情与欢乐，谈到学生他们总是会不禁露出笑容，表露出自豪感。只把教师这份工作当成一份工作的老师，更多的是流露出抱怨。

(2) 有加入“编制”的教师，即在公立学校工作的教师工作是比较有保障的，虽然工资比私立学校少，但比较稳定。私立学校或多或少对教师比较苛刻，除非特别优秀有经验的教师会受到较好的待遇，其他普通教师的压力还是比较大的。

(3) 对教师这份职业想要保持持久的热情，除了要喜爱之外，还必须要有成就感。这种成就感体现在，学生不仅喜欢上你的课，还喜欢和你交流、聊天。

这就要求老师自身要有渊博的知识，还要有适当的幽默感，懂得调动学生的积极性，掌握独特的授课技巧和学会与学生做朋友，等等。

（4）教师相对于其他职业，最大的优势在于假期多，可以更多地做其他自己想做的事，可以更好地照顾自己的家庭。不足在于，发展空间不大，工资较低。

（二）招聘信息分析

在这段期间，我也看了一些关于物理教师的招聘信息，除了珠江三角洲地区的教师招聘要求要研究生外，其他地区均无特别要求，而对于物理教师，部分学校有要求必须过计算机二级，其他并无硬性要求。

（三）实习兼职体验

我在大一大二期间虽然还没有真正在中学实习过，但也做过家教和去过义教，以下几点是我自己体验之后的体会：

（1）要真正把一堂课讲好很难，对于物理课堂而言，如何讲得吸引学生，如何将所有知识点串联在一起是物理教师的一大难题；

（2）对物理教师而言，如何归纳梳理每一种类型题的解题方式，并让所有学生都能灵活运用，是让学生渐渐懂得该学科的学习方法的重点；

（3）如何协调在课堂中有些学生接受新知识的程度快慢不同而导致的不专心也是一个比较难解决的问题；

（4）要让学生信服你，首先要有扎实的学科功底，要让学生喜欢你，要学会和学生做朋友；适当的幽默感会更加吸引学生。

（5）要注意在上课时的站姿，要注意板书的工整。

总的来说，经过这两年的体验，我对教师这份职业是充满期待的，虽然有时候也会有挫败感，感觉自己并没有讲的那么好，甚至还有点乱，但总体还是在慢慢地进步，而且更多时候我是在享受授课那个过程。

（四）经验分享会

为更好地了解教师这一份职业，我去听了一个师兄师姐的经验交流会，不过师兄师姐更多分享的是就业面试时的经验及技巧，以下几点便是我整理归纳后的收获：

面试之前的准备：

（1）同班同学要学会信息共享，这样收获才会更多；

（2）常见的几个招聘网有广东招聘网、前程无忧网、华南师范大学就业导航等；

（3）简历要用心制作，重点突出，照片要有精神、好看；

（4）要提前准备好自我介绍，一分钟版、三分钟版，要熟练自然地讲出来；

(5) 不要担心去省外面试，要有心理准备，省外的竞争会比较小。

面试时的注意事项：

(1) 自信，声音大，不要刻意去表现什么，要自然、真实，面试过程面带微笑，自然放松；

(2) 在面试过程中要不断地总结，不要把面试的结果看得太重要，把它当成是一种锻炼；

(3) 高考题、各类班主任管理题目、课程改革题目要比较熟悉，最好事先找找资料。

五、职业目标定位及其分解组合

(一) 职业目标的确定

综合自我分析及职业生涯条件分析的主要内容得出本人职业定位的SWOT分析：

1. 内部环境因素

(1) 优势因素 (S)

1) 有着较强的社会责任感和人道主义倾向；

2) 喜欢倾听和关心别人，能敏锐察觉别人的感受；

3) 个性温和、友善，乐于助人，善言谈，能与周围的人融洽相处；

4) 在团体中乐于与人合作，有责任感，不爱竞争；

5) 喜欢从事与人接触的活动，关心人胜于关心物。

这个性格优势决定了我适合的职业要有经验指导与交流、心理的沟通、灵性的扶持的工作环境，而教师这份职业恰好需要教师与学生交流沟通。在访谈中我发现，已经工作的老师，都觉得和学生做朋友才能成为一个学生喜欢的老师。

(2) 弱势因素 (W)

1) 语言表达能力不好；

2) 不够自信，一站上讲台就会紧张，不能很好地表达自己的想法；

3) 普通话不过关，字不漂亮；

4) 不够耐心，很粗心；

5) 有时候目的性太强。

这个性格的弱势，决定了我必须在剩下的两年内不断地完善自己，将自己的硬件完善起来，珍惜每一次机会，锻炼完善自己。

2. 外部环境因素

(1) 机会因素 (O)

今后，教师这一份职业的就业率只会下降而不会上升，并不具备很好的发展前景，也就是说，就业的竞争压力会越来越大，机会也会越来越少。

（2）威胁因素（T）

在就业找工作过程中，主要的威胁因素还是来源于就业时的竞争。

结论：职业目标——将来从事教育行业的中学物理教师职业。

职业发展策略——进入重点中学教课，到潮汕地区发展。

（二）职业目标的分解和组合

1. 短期目标

（1）期末目标：成绩至少提高 0.1 个绩点。去年由于学生工作等原因，导致绩点下降，专业排名也下降了不少，除了英语考得极其差之外，专业课的成绩也下降了不少。所以从现在开始，要专心各项学习。

（2）暑假计划：参加暑期“三下乡”社会实践活动。如果可以的话，计划到自己的高中讲一两节课，切实体会当老师的感觉。多练字，多做高中练习题。

2. 中期目标

（1）报考普通话等级考试。由于上学期普通话不够理想，而自己的普通话也不够标准，想要通过普通话考试，进一步提高自己的普通话水平。

（2）报考大学英语六级考试。

（3）专心学习。大三有着满满的课程安排，没有其他学生工作，可以专心地学习了。

3. 远期目标

成为一名优秀的中学教师。

六、检查和修订

1. 检查的内容

短期目标执行情况，下一阶段目标的调整及详细计划。

2. 检查的时间

第一次修订：大约 7 月 10 日（短期目标结束后）。

第二次修订：大约 9 月 1 日开学时。

第三次修订：大约 11 月中旬。

此外，还有各种不定期修改调整。

支撑材料一　DISC 人格测试报告

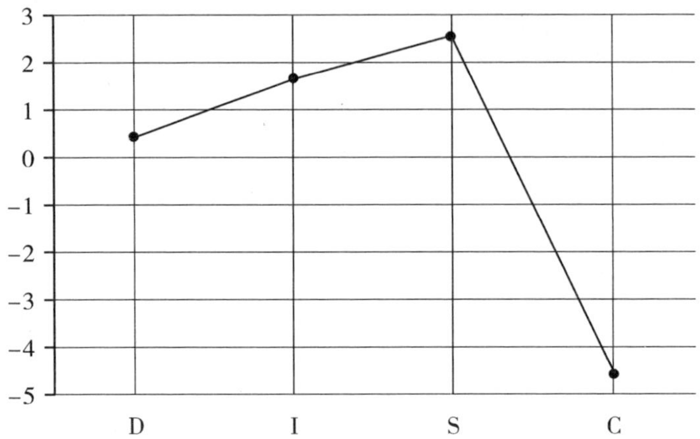

从以上的测评结果可以看到：在你的行为风格特点中，占主导地位的类型是S型和I型，以SI型为主导行为风格的你，可以被大致描述为“支持者”的类型。属于这种类型的你特别看重关系的价值，总是努力寻找机会来帮助其他人。团队成员们是否能友好协作，尤其是你自己是否能和其他成员融洽相处对你来说非常重要。你希望团队和谐，为此你可以灵活地调整你的要求。你希望有机会向其他人证明你是一个可以依靠的人。

行为特征：你喜欢和其他人融洽相处、友好合作，团队协作对你而言是一件非常值得去做的事情。你愿意为他人提供服务，与他人建立良好的关系，使其他人都信赖你。你关注其他人的需求，并且希望通过自己的努力让他人感到快乐。你不喜欢独立、隔离的项目工作，不喜欢竞争，不愿意成为关注的焦点，关系紧张、充满敌意的环境会让你感到心灰意冷。

交流沟通：属于支持者的你喜欢协作、和谐，擅长有技巧的、相互尊重的沟通，尽力避免正面冲突和紧张的局势。你很少说“不”，即使是为了你自身的利益。和你一起共事的人很欣赏你这种亲切、随和的做事方式以及你处事的灵活性，也很欣赏你为他们提供的支持和帮助。

能力特征：你特别看重自己为团队带来的价值，这就是你的优势和对团队的价值所在。你的灵活性可以应对很多艰难的情境，可以因需而变，虽然在面对重大的变革时也会感到紧张和烦恼。

行为优势：支持者是非常易于被他人接近的，友善且具有同情心，也通常很快乐，属于这种行为类型的你以人际关系为导向，婉转幽默。

行为弱势：你可能缺乏自我的激励与约束性，可能忽视自己的需求，不具有主动性，压抑自己，过于关注冲突的情绪因素，因此常感受到不安全感。

支撑材料二　职业兴趣测评报告

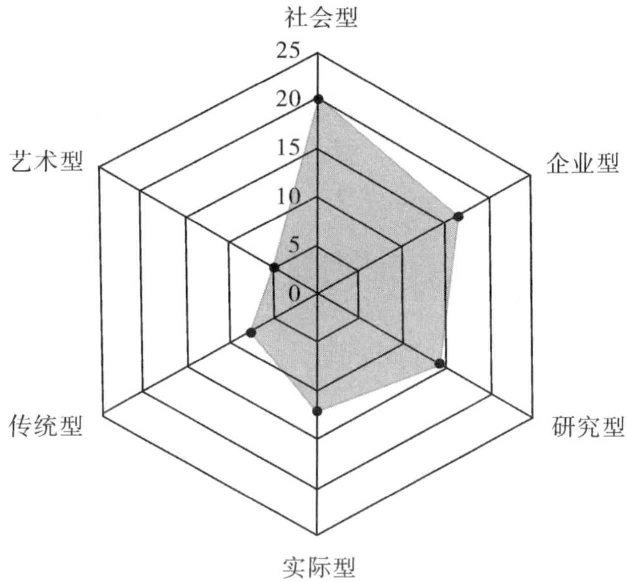

从以上的测评结果可以看到：相对来说，你更倾向于从事社会型、企业型和研究型的职业。对于这三种类型职业的环境，你也相对更容易适应和胜任。

（1）社会型职业兴趣倾向的人，通常具备以下特征：

1）关心社会的公平和正义，往往有较强的社会责任感和人道主义倾向；

2）对人慷慨、仁慈，喜欢倾听和关心别人，能敏锐察觉别人的感受；

3）个性温和、友善，乐于助人，善言谈，能与周围的人融洽相处，令人信服；

4）在团体中，乐于与人合作，有责任感，不爱竞争；

5）喜欢从事与人接触的活动，关心人胜于关心物。

适合社会型人的工作环境：

1）鼓励人和人之间的和谐相待、互相帮助、和睦相处；

2）充满了有教无类的经验指导与交流、心理的沟通、灵性的扶持等，如提供信息、启迪、帮助、培训、开发或治疗等；

3）强调人类的核心价值，如理想、仁慈、友善和慷慨等。

可以优先考虑的职业：大学教师、中学教师、小学教师、心理咨询师、客户关系管理员、公务员、外科医生、护士、高校辅导员等。

（2）企业型职业兴趣倾向的人，通常具备以下特征：

1）精力充沛，自信，个性外向积极、有冲劲，热情洋溢，富于冒险，喜爱竞争，支配欲强；

2）社交能力强，特别善于沟通协调，具有领导才能，能够影响、说服他人共同达到组织或个人的目标；

3）做事有组织、有计划，喜欢立刻采取行动，有时比较武断；

4）为人务实，喜欢追求权力、财富和地位，习惯以利益得失，权利、地位、金钱等来衡量做事的价值，做事有较强的目的性。

适合企业型人的工作环境：

1）需要展示自己的经营、管理、劝服、监督和领导才能，并实现机构、政治、社会及经济目标；

2）充满了权力、金融或经济的议题，需要胆略、冒风险和承担责任；

3）重视升迁、绩效、权力、说服力与推销能力；

4）非常强调自信、社交手腕与当机立断。

可以优先考虑的职业：项目经理、房地产销售/售楼员、职业经理人、律师、拍卖师等。

（3）研究型职业兴趣倾向的人，通常具备以下特征：

1）擅长对各种现象进行观察、分析、判断和推理，喜欢与符号、概念、文字、抽象思考有关的活动；

2）是思想家而非实干家，抽象思维能力强，头脑聪明，思考理性、有逻辑，但有时不愿动手；

3）关注如何创造性地解决问题，能提出新的想法和策略，而不愿循规蹈矩；

4）求知欲强，知识渊博，有学识才能，但较不喜欢领导和竞争；

5）个性独立、温和、谨慎、保守、内向。

适合研究型人的工作环境：

1）通常需要运用复杂抽象的思考能力；

2）常常需要采用数学或科学的知识，来寻求问题的解决；

3）不太需要处理复杂的人际关系，大多数情况下，必须独立解决工作上的问题；

4）不具有高度的结构化，不需要动手操作能力。

可以优先考虑的职业：临床研究员、软件工程师、电子技术研发工程师、课程设计与开发人员等。

支撑材料三　职业价值测试报告

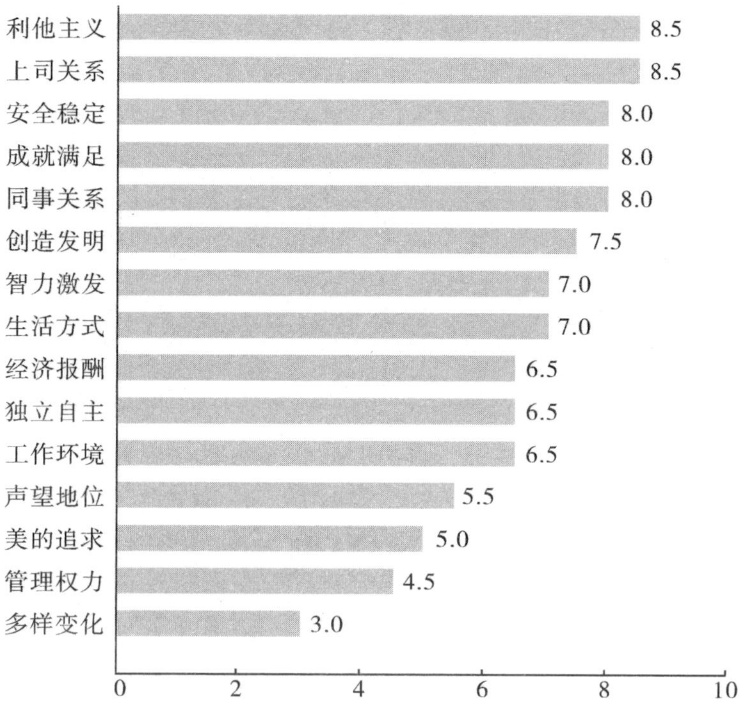

从以上的测评结果可以看到，你最看重的三种职业价值要素为“利他主义”、“上司关系”和“安全稳定”。

（1）看重“利他主义”：希望自己的工作能够直接为大众的幸福和利益尽一份力。

（2）看重“上司关系”：希望领导人品较好，处事公平，能与之愉快地沟通、相处。

（3）看重“安全稳定”：希望在工作中，不管自己能力怎样，都有一个安稳的局面，不会因为奖金、工资或岗位变动等经常提心吊胆。

支撑材料四　访谈稿（略）

参考文献

一、专著

[1] 赵雪峰. 像李开复一样做最好的员工［M］. 北京：中国经济出版社. 2011.

[2]（美）格伦·布鲁姆，艾伦·森特. 有效的公共关系［M］. 北京：华夏出版社，2002.

[3] 倪锋. 大学生职业素质培养与职业生涯规划教育的研究［M］. 上海：上海师范大学，2007.

[4] 程良越，谢珊. 大学生职业生涯发展［M］. 广州：广东高等教育出版社. 2011.

[5] 金树人. 生涯咨询与辅导［M］. 北京：高等教育出版社. 2007.

[6] 曲振国. 大学生就业指导与职业生涯规划［M］. 北京：清华大学出版社. 2008.

[7]（美）鲍利斯，等. 你的降落伞是什么颜色？（学生版）［M］. 北京：中信出版社，2010.

[8]（美）雷恩·吉尔森. 选对池塘钓大鱼［M］. 北京：机械工业出版社，2004.

[9]（美）洛克. 把握你的职业发展方向［M］. 北京：中国轻工业出版社，2006.

[10]（美）埃德加·施恩. 职业锚：发现你的价值观［M］. 北京：中国财政经济出版社，2004.

[11]（美）布朗温·卢埃林，罗宾·霍尔特. 适合比成功更重要［M］. 古典，译. 北京：中信出版社，2013.

[12] 沈之菲. 生涯心理辅导［M］. 上海：上海教育出版社，2000.

[13] 李开复. 做最好的自己［M］. 北京：人民出版社，2005.

[14] 陈鸿毅. 认识你的职业性格［M］. 西安：西安交通大学出版社，2009.

[15] 来斓. 大学生职业发展训练手册［M］. 杭州：浙江大学出版社，2007.

[16] 胡庭胜. 扬帆——华南师范大学学生就业案例 100 例［M］. 广州：华南

理工大学出版社，2011.
［17］赵北平，雷五明. 大学生涯规划与职业发展［M］. 武汉：武汉大学出版社. 2006.
［18］古典. 拆掉思维里的墙：原来我还可以这样活［M］. 吉林：北方妇女儿童出版社，2011.
［19］古典. 你的生命有什么可能［M］. 长沙：湖南文艺出版社，2014.
［20］姚裕群. 职业生涯规划与发展［M］. 北京：首都经济贸易大学出版社，2007.
［21］李宝元. 职业生涯管理：原理·方法·实践［M］. 北京：北京师范大学出版社，2007.
［22］彭贤，马恩. 大学生职业生涯规划活动教程［M］. 北京：清华大学出版社，北京交通大学出版社，2010.
［23］谢守成. 大学生职业生涯发展与规划［M］. 武汉：华中师范大学出版社，2009.
［24］赵鸿渐. 职场礼仪值价百万［M］. 北京：工人出版社，2009.

二、连续出版物

［1］吴国强. 大学生职业通用能力测量及与就业绩效的关系研究［D］. 复旦大学，2009.
［2］肖云，刘慧，陈刚. 不同性质用人单位对大学生核心素质需求的比较研究［J］. 当代青年研究，2007（11）：70.
［3］李洁. 大学生沟通问题研究及人文思考［J］. 镇江高专学报，2010（1）：101－103.
［4］张皓. “宅”时代下大学生沟通能力研究［J］. 教育与职业，2013（6）：180.
［5］房保俊. 百年中国大学理念的变迁及启示［J］. 现代大学教育，2010（1）：66－70.
［6］王冀生. 文化是大学之魂——对大学理念的再认识［J］. 高教发展与评估，2007（4）：1－6.
［7］王志刚. 大学精神是高校办学特色的灵魂［J］. 中国高教研究，2003（7）：13－16.
［8］黄昌建. 大学生职业生涯规划研究［D］. 西南大学，2006.
［9］王文建. 大学生决策风格、职业决策自我效能与职业决策困难的关系研究［D］. 华中科技大学，2009.

[10] 杨英，龙立荣. SWOT 分析法在职业生涯决策中的运用 [J]. 华东经济管理，2005 (5)：83 – 84.

[11] 马力. 职业发展研究——构筑个人和组织双赢模式 [D]. 厦门大学，2004.

[12] 吉兴华. 大学生职业素质培养的问题与对策研究 [D]. 天津大学，2007.

三、电子文献

[1] 百度文库：http：//wenku. baidu. com.

[2] 搜狐新闻：http：//roll. sohu. com/20101020/n276082640. shtml.

[3] 腾讯新闻：http：//tech. qq. com/a/20121023/000015. htm.

[4] 职商教练王兴权的博客：http：//blog. sina. com. cn/wangxingquan.

[5] 中华人民共和国劳动与社会保障部：http：//www. molss. gov. cn.

[6] 中国高校毕业生就业服务信息网：http：//www. ncss. org. cn.

[7] 新精英：http：//www. xjy. cn.

[8] 新浪教育网：www. edu. sina. com. cn.

[9] 前程无忧网：http：//www. 51job. com.

[10] 麦可思数据有限公司：http：//www. mycos. com. cn.

[11] 职场礼仪常识汇总：http://qyrs. depart. hebust. edu. cn/qiyibolan/ShowArticle. asp?ArticleID =2338.